2013

世界发展状况

STATE OF
THE WORLD DEVELOPMENT

国务院发展研究中心世界发展研究所

中国发展出版社
CHINA DEVELOPMENT PRESS

图书在版编目（CIP）数据

世界发展状况 2013/国务院发展研究中心世界发展研究所．
北京：中国发展出版社，2013. 2
ISBN 978-7-80234-890-5

I. 世… Ⅱ. 国… Ⅲ. 国际形势—2013 Ⅳ. D50

中国版本图书馆 CIP 数据核字（2013）第 016286 号

书　　　名：世界发展状况 2013
著作责任者：国务院发展研究中心世界发展研究所
出 版 发 行：中国发展出版社
　　　　　　（北京市西城区百万庄大街 16 号 8 层　100037）
标 准 书 号：ISBN 978-7-80234-890-5
经 　销 　者：各地新华书店
印 　刷 　者：北京明恒达印务有限公司
开　　　本：700mm×1000mm　1/16
印　　　张：15. 75
字　　　数：180 千字
版　　　次：2013 年 2 月第 1 版
印　　　次：2013 年 2 月第 1 次印刷
定　　　价：45. 00 元

联 系 电 话：(010) 68990630　68990692
网　　　址：http：//www. develpress. com. cn
电 子 邮 件：bianjibu16@ vip. sohu. com

前　言
Preface

　　胡锦涛总书记在中共十八大报告中指出："当今世界正在发生深刻变化，和平发展仍然是时代主题"。同时，"世界仍很不安宁"，"霸权主义，强权政治和新干涉主义有所上升，局部动荡频繁发生"。

　　2012 年的国际形势正如胡总书记所指出的，总体平稳，但地区形势仍是动荡不安、乱象纷呈。这也将是当今时代直至今后很长一段时间内国际形势的基本特点，在这段时间内，大国关系不断调整，深刻影响着世界格局的变化。2012 年的世界形势突出有以下几点。

　　一是美欧关系渐行渐远。欧洲问题在奥巴马政府的对外政策中的地位已明显下降。奥巴马本人或国务卿希拉里·克林顿无论在竞选中或连任后的多次重要讲话中都没有给予太多的关注。欧美关系的疏远在国际金融危机爆发前就已十分明显，如法、德公开反对美、英入侵伊拉克等。国际金融危机爆发后，欧盟国家打着金融体系改革的旗号，挑战美元的霸主地位。欧洲爆发主权债务危机期间，美国则多方介入，趁火打劫，公开将欧洲主权债务危机斥责为拖累美国及全球经济的"罪魁祸首"，并在多种场合"围攻"欧盟。美国从自身利益出发，未经与欧盟国家磋商，决定调整全球战略部署，将其战略重心从欧洲移往亚太，其时欧盟正因债务危机面临极其困难的境地，使欧盟倍感沮丧，加深了美欧之间的互不信任感。

二是欧洲内部分歧越来越明显。持续多年的欧洲债务危机导致欧盟内部分歧加大，凝聚力下降，利益诉求多样化趋势明显。作为欧洲大国的英、法、德三国内部矛盾重重。欧债危机爆发后，英国政府幸灾乐祸，公开庆幸没有加入欧元区，并在不同场合同美国一起落井下石，在欧盟内部制造困难。坚决不同意欧元区改签政府间《财政契约》，在8国集团和20国峰会上支持法国同德国闹矛盾，围攻德国，指责欧盟。为解决欧洲主权债务危机，法、德则甩开英国联手推动欧元区国家形成单独集团，在欧盟内部单独召开会议，推举欧元区集团主席，成立单独秘书处，将事实上的欧洲分裂合法化。而欧元区内部又形成德、法各有倾向的南北两大组合。欧盟内部矛盾导致欧盟作为一个整体的外交政策产生重大变化，不可能用"一个声音说话"。如，对于美国、以色列威胁对伊朗动武，德国明确反对。叙利亚内战发生后，法、英一再试图再度采取利比亚战事模式，由于德国及其他欧盟国家不认同而未能付诸实施。

三是亚太形势发生了较大变化。通过十多年来的努力，我国与周边国家建立了稳固的政治、经济及外交关系，10＋3、10＋1、中日韩、上海合作组织等区域合作机制都有较大的发展。2012年随着美国高调宣扬"美国的太平洋世纪"，明显加大了对亚太地区的政治、经济、军事战略投入，其政要频繁出访亚太国家，与日、韩、澳、菲、越等国多次举行针对中国的军事演习，制造

"中国威胁论"，以拉紧与日本、韩国、澳大利亚等国的军事同盟。同时，操纵我周边国家闹事，亚太地区一时间"热闹非凡"，为世界所瞩目。

在东亚，日本肆意挑起"购买钓鱼岛"闹剧，我国采取了针锋相对的立场，中日关系骤然紧张。美表面声称"在钓鱼岛问题上不持立场"，而暗地里却支持日本与我对抗，并在参院通过了《美日安保条约》适用于钓鱼岛的议案，给日本撑腰打气。此举既可对中国施压，又可把日本更加牢固地绑在美国的战车上。在南海，积极拉拢越南、菲律宾等地区国家，挑拨其与我国的关系，制造混乱。一些国家出于自身利益考虑，挑战我国领土领海，如菲律宾非法入侵我黄岩岛事件，并力图组织召开"南海四国会议"，共同应对中国。美国的战略调整与"再平衡"战略的推行，使台湾的地缘政治角色突显，近年来，美国加大了对台湾的经济拉拢，支持台湾以观察员身份参加联合国下属机构国际民航组织，给这几年来顺利发展的两岸关系增添了变数。

美国亚太战略的实施，给我国带来巨大压力，来自海洋，特别是东海和南海方向发生的"联动"效应对我国的安全环境产生了不利的影响。

四是中东地区形势越来越乱。近几年来，中东地区形势的变化令人目不暇接，美、英、法等西方大国合力推翻卡扎菲政权后，今年又如法炮制，企图在叙利亚推翻巴沙尔政权。由于叙国内教派、民族关系错综复杂，加之各种外部势力纷纷介入，使得联合国调解难以奏效，叙已陷入一场全面的旷日持久的内战。美国等一些西方国家率先承认叙利亚反对派全国联盟为叙唯一合法代表，凸显大国在叙竞争因素。伊朗核问题形势不容乐观，六国虽重开对伊谈判，但难以在实质问题上达成一致，而美、以出于自身战略利益所采取的不同的对伊核政策引发了美、以公开争吵，相互指责，以色列多次扬言单独对伊朗动武。美能否阻止以对伊动武，并能否避免被迫卷入，均属未定之天。一旦以色列对伊朗发动军事打击，中东将陷入更大混乱。巴勒斯坦与以色列关系从未根本解决，冲突不断，最近以色列以不断遭到巴火箭弹袭击为由向巴发动大规模空袭，造成巴方人员财产重大损失。埃及新政权执政后不久，便又重新陷入动荡，表面看是由于宪法问题引起，而实际上有更深层次的原因。伊拉克、阿富汗内部形势一直不稳，加之中东伊斯兰势力上升，经济低迷，民生不保，仍孕育着新的动荡。

五是金融危机仍未消除，世界经济不容乐观。美国经济虽缓慢复苏，但依然面临动力不足、增长乏力、失业率高企、债务沉重的难题。同时美国财政赤字高企，2012财年美联邦政府财政赤字高达1.089万亿美元。美国为了刺激经济采取的所谓量化宽松政策，既不可能从根本上解决面临的困境，又会动摇市场对美元的信心，并对世界经济产生不利影响。欧债危机持续发酵，未见尽头。希腊债务困境并未因新政府的产生而缓解，西班牙等国银行困难加剧，欧洲经济增长停滞，正面临最严重的困境。预测欧元区经济2012、2013年都将陷入衰退。比较乐观的看法是，欧洲经济复苏至少还需要一年时间。欧债危机导致欧盟内部凝聚力下降，分歧增大并导致欧盟内外政策的变化。日本经济持续长期萎靡不振，韩国经济亦呈下滑态势。印度、巴西等新兴经济体经济虽表现良好，但受美、日、欧等发达国家经济下行负面影响日益加剧，出口锐减，导致国内生产下降，失业增多，财政收入减少，外债增多等，经济增速普遍放缓。与此同时，各国特别是西方大国贸易保护主义进一步发展，贸易纠纷、汇率争吵、资源争夺此起彼伏，国际经济环境不断恶化。面对如此状况，世界各主要工业国和新兴大国都在考虑如何加强全球治理的问题，改革现行治理体系迫在眉睫。

2012 年，奥巴马赢得美国总统大选，将会继续推进其全球战略调整，特别是其推行的再平衡战略，将中国作为潜在竞争对手；普京再次入主克里姆林宫，强力提出打造欧亚联盟；奥朗德当选法国总统；日本自民党上台，安倍晋三再次担任日本首相；朴槿惠出任韩国总统；欧债危机持续发展等政治经济因素，将对世界局势的发展产生新的重大影响。这些都值得我们密切关注。

本书共刊载 16 篇文章，对 2012 年一些重大国际问题进行了深刻的阐述和分析，供读者参考，其观点仅代表作者本人。不当之处，敬请广大读者批评指正。

编　者

2012 年 12 月

目　录
Contents

致力于同各国各地区建立并发展"利益共同体"

◎ 周文重 ………………………………………… 1

奥巴马连任后的内外政策取向

◎ 钱文荣 ………………………………………… 9

从"黄岩岛模式"探讨维护周边稳定与维护国家利益的思路

◎ 杨　毅 ………………………………………… 24

2012 年的朝鲜：金正恩执政第一年

◎ 卞晓春 ………………………………………… 31

内外交困　风云突变——2012 年日本政局与中日关系

◎ 王新生 ………………………………………… 49

2012 年两岸关系："一中框架"承前启后　深化互信普及共识

◎ 薛福康　徐　青 ……………………………… 64

解析"缅甸之变"　兼谈对美缅、中缅关系的看法

◎ 李志强 ………………………………………… 81

普京 2012：办好四件大事

◎ 盛世良 ………………………………………… 93

客观认识德国在欧盟及中欧关系中的地位和作用

　　◎ 梅兆荣 ………………………………………… 107

欧洲债务危机企稳　经济增长仍需时日

　　◎ 丁一凡 ………………………………………… 120

欧债危机对中东欧、巴尔干的影响

　　◎ 贾瑞霞 ………………………………………… 130

"后动荡时代"的中东形势

　　◎ 田文林 ………………………………………… 144

伊朗核问题愈难解决

　　◎ 丁原洪 ………………………………………… 166

2012：世界经济复苏步履蹒跚　中国经济转型稳健前行

　　◎ 谢明干 ………………………………………… 173

浅析"光伏案例"对国际贸易及新兴产业发展的影响与启示

　　◎ 黄丹涵 ………………………………………… 201

全球治理的危机与挑战

　　◎ 于　凡 ………………………………………… 217

PRECIS（英文摘要）

　　◎ 瞿鹰鹰　译 …………………………………… 224

Contents

Commitment to Constructing and Developing Community of Interests with Different Countries and Areas / 1　　　　　　　　ZHOU Wenzhong

Directions of Obama's Internal and External Policies after Re-elected / 9　　　　　　　　QIAN Wenrong

A Case Study of "Huang Yan Island" Model, Discussing How China Should Pursue its National Interests while Safeguarding Peace and Stability with Surrounding Countries / 24　　　　　　　　YANG Yi

2012 of DPRK: Kim Jong Eun's First Year in Office / 31　BIAN Xiaochun

Political Turmoil in a Strife-Torn Japan——Japanese Politics and China-Japan Relations in 2012 / 49　　　　　　　　WANG Xinsheng

The Cross-Strait Relations in 2012: One China Framework, Links the Past and the Future, Deepens Mutual Trust and Popularizes Consensus / 64　　　　　　　　XUE Fukang, XU Qing

Analyzing "Change in Myanmar", Opinions on US-Myanmar and China-Myanmar Relations / 81　　　　　　　　LI Zhiqiang

Putin's Four Priorities in 2012 / 93　　　　　　　　SHENG Shiliang

An Objective Assessment of Germany's Status and Role of in EU and China-EU Relations / 107　　　　　　　　　　　　　　*MEI Zhaorong*

European Economy Growth still Requires Time upon Stabilizing European Debt Crisis / 120　　　　　　　　　　　　　　*DING Yifan*

The Impacts of European Debt Crisis on Central and Eastern Europe and the Balkans / 130　　　　　　　　　　　　　　*JIA Ruixia*

The Middle East Situation in the Age of Post-Turbulence / 144

TIAN Wenlin

The Iranian Nuclear Issue, More Difficult to be Resolved / 166

DING Yuanhong

2012: Slow Global Economic Recovery, Steadily Forward-Moving Chinese Economic Transition / 173　　　　　　　　　　　*XIE Minggan*

Analysis of Impact and Implication upon International Trade and Development of New Industries Caused by the Case of Solar PV Industry / 201

HUANG Danhan

Crises and Challenges to Global Governance / 217　　　　*YU Fan*

PRECIS / 224　　　　　　　　　　　　　　　　*QU Yingying*

致力于同各国各地区建立
并发展"利益共同体"

◎ 周文重

　　我国提出的"利益共同体"思想是对当今世界大发展、大变革、大调整趋势的积极回应。扩大"利益汇合点",构建"利益共同体"的主张,蕴含了责任共担、利益共享、协商一致、公平正义的基本原则。尽管当今世界还存在这样那样的矛盾冲突,但和平、发展、合作、变革的时代潮流更加强劲。"利益共同体"正是顺应这一潮流的重要举措。中国将坚定不移地沿着和平发展的道路走下去,而扩大同各方利益汇合点,同各国各地区建立和发展不同领域、不同层次的利益共同体是中国在这条道路上迈出的坚实一步。

　　2011 年,中国政府发表《中国的和平发展》白皮书,其中明确指出,中国把中国人民的利益同世界各国人民的共同利益结合起来,扩大同各方的利益汇合点,同各国各地区建立并发展不同领域不同层次的利益共同体,推动实现全人类共同利益,共享人类文明进步成果。这一表述,对我们加深对"利益共同体"的认识,很有帮助,也很有意义。

一

"利益共同体"思想的提出，有着深刻的国际背景。进入 21 世纪以来，"9·11"事件、国际金融危机、发展中大国崛起、欧洲主权债务危机、西亚北非局势动荡等一系列重大事件，给国际格局、国际体系和国际关系带来深刻影响，国际形势出现一系列趋势性变化。从一定意义上讲，"利益共同体"思想就是对当今世界大发展、大变革、大调整趋势的积极回应。

一是世界经济在艰难曲折中酝酿着新的发展契机。国际金融危机暴露出一些国家的体制机制、政策理念、发展方式的弊端，也凸显了全球治理机制落后于形势发展的现实矛盾。世界经济缓慢复苏，但是复苏的不稳定性、不确定性突出，风险挑战增多，世界经济发展正处在何去何从的十字路口。历史经验告诉我们，经济危机往往孕育着新一轮技术革命和新兴产业萌发的契机。世界各国普遍将发展作为第一要务，不约而同地推出科技创新计划，既为摆脱危机，更为实现更高水平的增长和未来发展奠定基础。这不仅仅是发展势头的恢复，更蕴含着对原有发展方式的变革和突破。

二是国际体系改革继续深入发展。新兴市场和发展中国家群体性崛起势头更加明显，协调参与国际事务的意识和能力显著增强，国际影响和话语权进一步提升。在各方推动下，国际经济金融体系改革迈出积极步伐。20 国集团峰会成为全球经济治理的主要平台，国际货币基金组织和世界银行增资及股权结构调整取得阶段性进展。国际政治、安全领域的变革也在逐步推进。国际力量对比朝着渐趋均衡的方向发展，极大地促进了多边主义和国际关系民主化，世界多极化前景更加明朗。

三是各国之间的合作与竞争进入新阶段。在当前国际格局转换的大背景下，各国间利益分化和重组加快，国际关系的互动与调整更加活跃。各国相互关注、相互依存程度加深，国际社会正在逐步形成你中有我、我中有你的共同体。以利益为导向，多层次、立体性的议题性联盟和菜单式伙伴成为国家间关系的重要表现形式。各国围绕现实利益和长远发展的博弈更加激烈，但竞争中有合作，较量中有协调，关系的稳定性会有所上升，合作是大势所趋。

四是互利共赢的理念日益深入人心。经济全球化和科技进步突破了人类交往的传统时空界限，使各国发展越来越呈现出一种相互依存和互有需求的局面。特别是进入 21 世纪，金融危机、能源问题、气候变化、粮食安全、公共卫生、重大自然灾害等各类全球性重大挑战和威胁凸显。越来越多的国家认识到，搞"零和游戏"已经不合时宜，发展应该通过互利合作来实现。应对全球性挑战的多边外交日趋活跃，全球治理机制建设受到广泛重视，国际合作不断加强。

尽管当今世界还存在这样那样的矛盾冲突，但和平与发展仍是当今时代的主题。和平、发展、合作、变革的时代潮流更加强劲，要求各国妥善处理相互的利益关系，更加注重互利共赢、共同发展。提出扩大"利益汇合点"、构建"利益共同体"，正是顺应这一历史潮流的重要举措。

二

扩大"利益汇合点",构建"利益共同体"的主张,蕴含了责任共担、利益同享、协商一致、公平正义的基本原则。在实践中,就是在维护自身利益和关切的同时,也注意尊重和照顾别国的利益和关切,寻求扩大与各国的共同利益。

一是树立同舟共济的大局意识。在经济全球化和社会信息化深入发展的今天,各方相互联系、相互依存、利益交融,整个世界已是一种"利益共同体"。面对惊涛骇浪,人类同乘一条命运之舟。唯有同舟共济,才能乘风破浪,不断前行。

二要坚持改革和完善全球经济治理体系。当前,国际金融机构和金融监管改革取得一定进展,新兴市场国家和发展中国家代表性和发言权有所增加。但同时,国际货币体系、国际贸易体系、大宗商品价格形成机制等仍需大力改革和完善。要巩固20国集团峰会作为国际经济治理主要平台的地位,推动实现全球经济强劲、均衡、可持续增长。此外,还应积极发挥区域和次区域机制独特优势,本着开放、包容、透明的原则,推进区域合作,对多边体系形成有益补充。

三要努力构筑新型的国际关系。国家不分大小、强弱、贫富都是国际社会平等一员,彼此之间相互尊重、平等相待是国际关系的准则,也是扩大和深化"利益汇合点",构建"利益共同体"的政治基础。要坚持《联合国宪章》的宗旨和原则，维护联合国的权威和作用，切实遵守不干涉内政原则，进 步推进国际关系民主化。世界的多样性是人类文明最本质的特征，也是人类社会发展的宝贵财富。要尊重不同文明的独立与发展，尊重不同的文化传统和宗教信仰，尊重不同的发展模式和发展道路，交流借鉴，求同存异，取长补短，充分发挥人类的共同智慧。

四要创造和平稳定的安全环境。新形势下，各国安全紧密相连，应该树立以"互信、互利、平等、协作"为核心的新安全观，以更广阔的视野看待安全，既维护本国安全，又尊重别国安全关切。充分发挥联合国的作用，建立公平有效的共同安全机制，促进人类共同安全。

五要树立互利共赢的发展理念。目前，各国经济发展面临的形势不同，利益诉求差异加大，矛盾和摩擦增多。形势越严峻，越显示出加强国际协调与合作的必要性。各国应充分发挥各自比较优势，互利互惠、取长补短，不断扩大各方共同利益的汇合点，创新合作方式，拓宽合作领域，丰富合作内容，同时注意在合作中照顾彼此正当关切，努力实现互利共赢。

三

中国是世界的重要组成部分，也是世界大变局中的重要积极因素。经过30多年改革开放，中国与外部世界深度融合，利益交融不断扩大，人员交往空前活跃，中国的前途命运日益紧密地同世界的前途命运联系在一起。21 世纪头十年，中国抓住机遇，稳妥应对各种风险挑战，实现了经济和各项事业的平衡较快发展，人民生活不断改善，国际地位显著提高。中国与世界日益成为一个同呼吸、共命运的共同体。面对与世界关系的历史性变化，中国坚持将维护自身利益与人类共同利益相统一，一直努力扩大同各方利益的汇合点，把共同利益的蛋糕做大做好，努力实现双赢、多赢、共赢。

中国坚持在互利共赢的基础上开展国际合作。中国以加入世贸组织为契机，积极调整贸易体制和政策，完善相关法律制度，中国已经成为全球最开放的经济体之一。中国积极同世界各国发展经贸关系，务实推动各种形式的双多边贸易合作。截至 2011 年，中国的经贸伙伴遍及全世界 220 多个国家和地区，建立了 160 多个双边经贸合作机制，与美、欧、日、英、俄等主要经贸伙伴建立了经济高层对话制度。中国还与五大洲的 28 个国家和地区建设 15 个自贸区，其中已经签署了 10 个自贸区。中国加快实施自贸区战略，积极推进区域经济合作已经成为中国深入发展双多边经贸合作，实现自身和全球经济协调发展的重要举措。

中国的快速发展给中国人民带来实实在在的利益的同时，也为世界的发展与繁荣作出了重要贡献。入世 10 年来，中国总计从海外进口达 7.5 万亿美元，为各国发展提供了广阔市场。特别是国际金融危机发生以来，中国在自身面临巨大困难和严峻挑战的形势下，一方面采取有效的宏观经济调控政策，努力保持自身经济稳定发展，为地区和世界经济复苏增添动力；另一方面积极参加应对危机的国际合作，参与国际经济治理，促使国际经济秩序更加公正合理，对国际金融机构大幅增资，向发展中国家伸出援手，从发达国家增购债券，为促进有关国家经济社会发展、稳定国际经济金融形势作出了贡献。

作为发展中国家的一员，中国致力于加强与发展中国家的互利合作，尽力提供各种力所能及的支持和帮助。近 10 年累计对外提供各类援款 1700 多亿元人民币，免除 50 个重债穷国近 300 亿人民币到期债务。中国全面落实中非合作八项新举措，并向非洲之角有关国家提供新中国成立以来最大一笔对外粮援。为进一步帮助最不发达国家发展，中方还在去年宣布，对同中国建交的最不发达国家 97% 的税目的产品给予零关税待遇。

作为联合国安理会常任理事国，中国积极参加联合国维和行动，是安理会常任理事国中派遣维和人员最多的国家。中国坚持不干涉内政原则，根据事情本身的是非曲直决定在利比亚、叙利亚等问题上的原则立场，尊重和支持西亚北非国家自主处理内部事务，努力推动朝核、伊朗核、苏丹达尔富尔等地区热点问题的和平解决。中国积极参与上海合作组织、东盟地区论坛等多边和地区安全合作，与国际社会携手应对能源、粮食、气候变化、金融危机、重大自然灾害、恐怖主义等全球性挑战，为维护世界和平与稳定作出了应有的贡献。

中国离不开世界，世界需要中国。21 世纪的第二个十年，是中国全面建设小康社会的关键时期，也是中国深化改革开放、加快转变经济发展方式的攻坚时期。中国发展仍处于可以大有作为的重要战略机遇期，既面临难得的历史机遇，也面对诸多可以预见和难以预见的风险和挑战。中国将坚定不移地沿着和平发展的道路走下去。扩大同各方的利益汇合点，同各国各地区建立并发展不同领域不同层次的利益共同体，是中国在这条道路上迈出的坚实一步。中国的和平发展道路将一步一个脚印，越走越宽广，也必将为世界的和平发展事业作出新的更大贡献。

奥巴马连任后的内外政策取向

◎ 钱文荣

奥巴马胜选连任后，面临国内经济复苏乏力、社会分裂深化、两党对立的严重局面。为确保世界霸权地位，对内将重点解决就业和经济增长，采取巩固发展制造业、发展新能源、削减预算赤字和加强金融监管等措施；对外将把经济外交作为外交政策的中心。在对华政策上，将在继续推进全球战略重心东移的前提下，在"中国既是对手又是潜在伙伴"的基本定位的基础上推行"既防范、遏制又接触、合作"的政策。一方面力图将中国纳入由其主导的全球政治经济体系，另一方面将在重大国际和全球性问题上谋求与我协调，特别是将进一步加强两国经贸关系。

2012 年是美国的大选年。奥巴马战胜了他的对手共和党人罗姆尼而获得连任。奥巴马连任后未来四年的内外政策和对华政策走向如何，将是国际社会共同关注的重大课题。

一、奥巴马面临的国内政治和经济态势

奥巴马虽然获得连任，然而，他面临的国内政治生态和经济

形势相当严峻。概括地说，他面临着三大矛盾，即经济复苏乏力、社会分裂深化、两党对立严重。

首先是经济问题。美国权威民调机构皮尤公司的民调报告表明，在这次大选中，选民们最关心的 17 个问题中经济占首位，高达 86%，其次是就业和预算赤字，分别为 84% 和 74%。最近三年多来，奥巴马花了很大力气企图推动制造业的复兴，并出现了复苏势头，但 2012 年 11 月的制造业活动又出现收缩，是三年以来最糟糕的，原因还是"国内需求不振和出口乏力"①。可见，奥巴马要复兴制造业并不那么容易。经济复苏乏力的根源还是三高问题，即高赤字、高失业率、高债务。据美国财政部 2012 年 10 月 12 日公布的数字，从 2011 年 10 月 1 日到 2012 年 9 月 30 日为止的 2012 财政年度财政赤字仍高达 1.29 万亿美元，已连续四年财政赤字超过万亿美元。另据美国财政部 9 月 4 日公布的数字，美国国债总额已超过 16 万亿美元，创历史新高，相当于每个美国人至少负债 5 万美元。奥巴马上台时的国债总额为 10.6 万亿美元，他夸下海口说在四年任期结束时（即 2012 年底）要使国债减少 50%，结果反而上升了 50%。失业率长期处于高位，大选前一个月下降到 7.8%，但还是高位，且很不稳定。美联储主席本·伯南克 2012 年上半年就警告说："除非经济增长加快，否则美国失业率近期的迅速下降或许只是昙花一现②。"美国国家预算局报告也说，高失业率的状态还将持续相当一段时间。按理说大选尘埃落定

① 路透社纽约/伦敦，2012 年 12 月 3 日电。
② 《纽约时报》2012 年 3 月 27 日报道。

后，两党吵闹已过去，社会趋向相对稳定，股市应该上扬。然而，大选结束后，美国三大股市反而下降了 3.28%，这说明经济界、投资商对美国经济前景仍不看好。这种状况将继续制约美国的经济复苏。

其次，美国社会分化愈演愈烈。2011 年爆发的"占领华尔街运动"暴露了美国社会 99% 的中下层人与 1% 富人之间的深刻矛盾。《纽约时报》社论说："这个国家比四年前更加分裂，他们的各个党派及其支持者更加两极化①。"美国媒体报道说，2012 年大选投票又进一步反映美国自 1988 年以来历次总统选举中最深刻的种族分裂。在 2008 年的总统选举中，80% 的非白人选民支持奥巴马，其中黑人占 95%。在 2012 年的选举中，奥巴马获得了 79% 的非白人的选票，几乎 100% 的黑人支持奥巴马。但在白人中变化很大，上次大选中他在白人选民中的支持率仅落后他的共和党对手麦凯恩 8 个百分点，而这一次却落后罗姆尼 21 个百分点，即 38% 对 59%②。美联社进行的民调表明，美国白人的种族歧视仍很严重，这次大选过程中，有反黑人情绪的美国人数从 2008 年的 49% 上升到 2012 年的 56%。反拉美裔的人数也在上升，高达 57%。而且共和党人比民主党人的种族歧视更为严重，分别为 64% 和 55%③。这种社会分化影响到奥巴马执政的公信力和民众对联邦政府和国会的信任度。美国皮尤民调公司 2012 年 4 月举行的民调结果表明，民众对联

① 《纽约时报》社论，2012 年 5 月 8 日。
② "2012 voters: The deepest racial split since '88," *Washington Post*, October 25, 2012.
③ 美联社华盛顿 2012 年 10 月 29 日电。

邦政府的支持率从 10 年前的将近 70％ 下降到 33％，有 62％ 的人对联邦政府不满。

美国人口结构的变化也值得注意。美国 2010 年的人口普查结果凸现了两大特点：其一，美国人口有从东北部诸州向西部和南部诸州移动的趋势；其二，美国少数族裔人口持续增加，将在 21 世纪中叶超过盎格鲁—撒克逊人，成为美国人口的多数。这种变化或将影响美国的政治版图。美国各州人口数量决定着该州在国会众议院的席位，人口越多的州在众议院的席位越多。而众议院席位的变化又将影响总统选举。美国总统是由选举人团投票选举出来的，各州拥有的选举人票的数目同该州在国会拥有的参、众议席数相等。由于各州在参议院的席位都只有两席，众议院席位的变化就成为影响选举人票的关键因素。若美国还是维持现在这种选举制度，将来的选举将变得越来越不公平，从而影响美国国内的政治稳定。

第三，美国两党对立的严重程度也为美国历史上罕见。2012 年大选中，原先民主党企图夺回在众议院中的多数地位，共和党计划夺回在参议院中的多数地位。结果两党的计划都未能实现，民主和共和两党只能继续维持分别控制参议院和众议院多数的地位，在国会内继续保持分裂状态。问题还在于两党在许多国内问题上越来越凸显意识形态化，因而在许多重要问题上都难以达成一致意见。美国斯坦福大学教授、著名国际问题学者弗朗西斯·福山说："美国人对自己的宪法很自豪，这部宪法通过一系列制衡限制了行政权力。但这些制衡已经发生了变异。现在的美国奉行的是'否决政治'。当这种体制遇上被意识形态化了的两个政党时，就会导致政治瘫痪①。"

奥巴马十分了解如此严峻的国内政治和经济态势，因此他在获胜后举行的首次记者招待会上就明确地提出，他今后四年的工作中心是解决就业和经济增长。他宣布要在今后四年内增加100万个制造业岗位，同时削减预算赤字。他的具体蓝图是：①巩固和发展制造业，支持中小企业，同时鼓励跨国公司把部分海外企业迁回国内，如今已有部分大型跨国公司如苹果等响应号召。②发展新能源，大力开发页岩气和天然气，计划10年后进口能源减少50%；与此同时，要朝着成为天然气和页岩气出口大国努力。能源部情报局12月5日宣布，到2027年美国可能会每年出口约40亿立方英尺天然气，相当于当前消耗量的6.6%②。但这不是在奥巴马第二任期内能实现的。③开展基础设施建设，其中包括高速铁路、公路、桥梁等。美国预算局2012年12月6日宣布，关于在加州建设高速铁路的评估报告已经完成。④加快科技革新和应用，提出要始终站在科技研发的前沿。⑤增加教育投入，改革教育，培养更多的创新型人才。为此要增加聘用10万名数学和理科教师。⑥削减预算赤字，计划未来十年削减4万亿美元的预算赤字，其中国防预算削减4870亿美元。与此同时要将年收入超过25万美元的人的税率从35%提高至39%。⑦加强金融监管，继续贯彻金融改革法案。

---

① 弗朗西斯·福山文章《"否决政治"让美国瘫痪》，载英国《金融时报》网站，2011年11月23日。

② ［美］《华尔街日报》："美国天然气出口扫清障碍"，2012年12月6日。

　　然而，在社会分裂和两党对立的政治态势面前，奥巴马要如愿地实现他的规划困难很多。

　　首先，华尔街老板们特别是金融寡头们未必能买奥巴马的账，奥巴马前期搞的金融改革在华尔街老板们的强烈反对下早已变了味。关于向富人提高收税问题，国会内两党还没有达成协议，《华盛顿邮报》2012 年 12 月 11 日报道说，那些有钱的投资者已提前采取行动转移资产，以逃避增税。他们纷纷地要在年底前变卖转移他们的投资性房产、抛售那些不会再增值的股票或扩大慈善捐款等。跨国公司回迁国内基本上也只是应付一下，要全部回迁根本不可能，因为他们在国外投资赚的钱要比国内多，而且回迁国内又要重新投资。例如，苹果公司首席执行官已公开表示，他们迁回国内的只是一小部分，仅投资一亿多美元，这对这家公司来说仅仅是它海外投资和资产的一个零头①。关于削减国防预算问题，按奥巴马宣布的计划是未来十年内削减 4870 亿美元，平均每年削减 487 亿美元。这个数字实际并不大，而且减少的主要是从伊拉克和阿富汗撤军省下来的钱，基本不会对美国的军事实力产生大的影响。美国参众两院 12 月 18 日达成一致意见，决定 2013 年度的军费预算为 6407 亿美元，比国防部长帕内塔 2012 年 6 月宣布的 6134 亿美元还多了 273 亿美元。我们国内媒体和一些学者反复强调美国要大幅削减军费必将严重影响美国全球战略重心东移的说法，是不符合实际的。总之，正如奥巴马自己所说，他的上述这些计划"不是在短期内能完成的"。当

---

　　① ［英］《金融时报》2012 年 12 月 6 日。

然，我们也要看到，今后四年美国的经济很可能会继续缓慢地向好的方面发展。

二、奥巴马未来四年外交政策的基本取向

如同他的国内政策以经济为核心一样，奥巴马未来四年的对外政策也将以经济为中心。国务卿希拉里·克林顿2012年11月17日在新加坡管理大学所作的演讲中对此做了较详细的阐述。她说，美国用十年致力于两场战争，现在伊拉克战争已经结束，而阿富汗战争也走向尾声，"我们正在调整我们的外交政策，以体现力量的经济学和经济学的力量"。她强调说，"我们的全球领导地位有赖于我们的经济实力①"，因为"经济实力比军事实力的影响更大，市场的力量可以塑造战略态势②"。由此可见，奥巴马政府把经济外交作为今后一段时间实现美国全球战略目标，确保美国领导地位（即霸权地位）的中心任务，也是作为全球战略重心东移的组成部分。

从希拉里·克林顿的上述最新讲话以及一些对政府决策有影响的智库的政策建议报告中可以看出，今后美国的经济外交将着重在八个方面做出努力。①逐步调整外交政策，把经济提高到外

---

① Hillary Clinton's remarks at the promise of economic statecraft at Singapore Management University in Singapore, November 17, 2012.

② Hillary Clinton's remarks at the Foreign Policy Group's "Transformational Trends 2013" Forum in Washington, November 29, 2012.

交政策的中心地位①。②把解决经济问题作为应对战略挑战的手段。③加强商业外交，主要是促进出口，开拓新市场。④提高执行这些雄心勃勃的议程的外交能力。希拉里·克林顿说将要求世界各地 270 多个美国大使馆和领事馆都为美国企业提供支持，帮助实现 5 年出口增加一倍的目标。⑤加快跨太平洋战略经济伙伴协议（TPP）的谈判。加拿大和墨西哥已决定参加。下一步奥巴马政府将集中力量劝说日本加入。原先日本不想加入，现在考虑到与中国关系紧张，今后要减少经贸上对中国的依存度，同时在美国的诱逼下，日本最终加入的可能性较大。奥巴马还计划最终要让东盟每一个成员国都成为 TPP 的成员②。⑥加快与欧盟的综合贸易协议的谈判。⑦取消 1974 年通过的限制与前苏联（俄罗斯）贸易法，开拓俄罗斯的市场。奥巴马已于 2012 年 12 月 14 日签署了一项新的法案，除废除上述冷战时期的法案外，并决定给予俄罗斯永久性正常贸易国地位。⑧开拓非洲市场。目前世界上有十个经济增长最快的经济体，其中 7 个在非洲。希拉里·克林顿说，美国必须抓住这个机遇，"努力增加美国在非洲市场的存在③"。

第二，继续推进全球战略重心东移的战略调整。为此，美国将在前两年所做工作的基础上，就战略再平衡进一步做出安排。①按照原定计划，继续调整在亚太地区的军事部署，加快关岛基地的扩建进程；除了继续加强美日、美韩等五个传统军事联盟

---

① Hillary Clinton's remarks at the Foreign Policy Group's "Transformational Trends 2013" Forum in Washington, November 29, 2012.

②③ Hillary Clinton's remarks at the promise of economic statecraft at Singapore Management University in Singapore, November 17, 2012.

外，将更加重视加强与越南、印度、印尼等新伙伴国的政治、经济和军事关系；继续努力构建美国、日本、澳大利亚、印度四国联盟，作为将来构建亚洲版北约的雏形。②进一步加强对缅甸、老挝的工作，促进缅甸更多的"民主改革"和老挝的转变。希拉里·克林顿说：奥巴马访问缅甸和到柬埔寨出席东亚峰会突出了美国战略重心转移中的"民主价值观和外交介入"①。值得注意的是，美国计划把缅甸建设成为一条连接从印度、孟加拉到东南亚的印度——太平洋经济走廊的枢纽，促进地区稳定和繁荣②。③做好2014年从阿富汗撤军前后的准备和部署，继续控制阿富汗，制订以阿富汗为中心的中亚地区框架，确保美国在阿富汗和中亚的战略利益。④在本地区加快制定以美国为主导的国际规则，"构建以规则为基础的亚太秩序"，其中包括以TPP协议为主的经济秩序和敦促国会尽快批准海洋法公约，利用该公约进一步控制太平洋和印度洋两大海洋③。

希拉里·克林顿宣称："今后四年，本地区（亚太）将看到美国在外交、军事和经济方面的投入以实现美国的战略④。"可见美国实现全球战略重心东移的决心。但能否如愿地实现战略重心东移的目标，那是另一回事。亚太地区各国特别是东亚和东南亚各国都各有自己的国家利益和战略目标，不可能与美国的战略目标和利益完全一致。

---

① Hillary Clinton's remarks at the Foreign Policy Group's "Transformational Trends 2013" Forum in Washington, November 29, 2012.

② Hillary Clinton's remarks at the promise of economic statecraft at Singapore Management University in Singapore, November 17, 2012.

③④ Hillary Clinton's remarks at the Foreign Policy Group's "Transformational Trends 2013" Forum in Washington, November 29, 2012.

全球战略重心东移并不意味着放弃世界其他地区[①]。除亚太外，美国首先要关注的还是中东地区的动荡。美国的判断是中东北非地区的动荡还将持续相当长一段时间，"阿拉伯之春"只是一种过渡政治，埃及将在阿拉伯世界重新发挥主导作用，以色列的周边安全环境恶化，能源安全可能受到威胁。面对这种新的形势，希拉里·克林顿强调，"不能让这个地区的挑战和变化处于真空状态"。"美国需要把我们所拥有的前所未有的战略能力用于应对中东阿拉伯地区出现的这些问题，不是仅仅跟踪危机的进展状况。美国的政策制定者必须善于下棋，而不仅仅起检查员的作用[②]。"

希拉里·克林顿在 2012 年 11 月 30 在华盛顿由美国犹太人组织的萨班中东政策研究中心 2012 年论坛上的讲话着重讲了今后的中东政策，再结合美国几个权威智库给新政府提出的政策建议报告，奥巴马政府未来的中东政策取向大致可以归纳为以下几个方面。①继续利用当地动荡局势和教派冲突，控制局面；同时，调整对伊斯兰教派的政策，不再对整个伊斯兰教采取敌视政策，改为加强对伊斯兰教温和派的接触，集中孤立和打击极端主义。②奥巴马公开说："埃及不再是美国的盟友，但也不是敌人。"今后对埃及的工作将在继续拉住军方的同时，着重做穆尔西领导的政府高官的工作，强调更要重视做基层群众的工作，要求美国外交官和非政府组织深入到埃及基层宣传美国的民主价值观。③把海湾地区作为安全基地，巩固和加强美国在那里的军事

---

①② Hillary Clinton's remarks at the Foreign Policy Group's "Transformational Trends 2013" Forum in Washington, November 29, 2012.

基地建设，对海湾合作组织国家要从以往主要向他们提供安全保障转向使他们成为维护中东阿拉伯地区安全的前锋。同时促进海湾沙特、巴林等一些国家的民主改革，以稳住那里的政权。④确保以色列的安全，坚决维护埃以和平条约。同时努力恢复阿以和谈。⑤集中打击伊朗，主要还是加强对伊朗的经济制裁和外交孤立。希拉里·克林顿说："我们仍然相信存在着就伊朗核计划达成某种解决办法的机会之窗①。""如果可以进行一次可行的外交交易，我们将追求这样做。如果伊朗准备进行认真的谈判，我们已经准备好了；如果伊朗最终准备采取可核查的信任措施，我们准备给予回报。但是，谈判之窗不会永远开着②。"这些话足以表明奥巴马政府今后一段时间对伊朗的政策将继续以加强经济和外交压力逼迫伊朗停止研制核武，动武仍非首选。值得注意的是，她讲这些话时有以色列副总理梅里多和驻美大使奥仁等以方高官在场。⑥利用土耳其的"东向战略"，发挥土耳其在中东事务中的作用，以削弱阿拉伯伊斯兰势力崛起的影响。⑦进一步加强对海上通道的控制，确保能源供应安全，同时也可制约欧盟和中国。

欧洲问题在奥巴马政府的对外政策中的地位已明显下降。奥巴马本人或国务卿希拉里·克林顿无论在竞选中或连任后的多次重要讲话中都没有给予太多的关注。奥巴马今后一段时间对欧洲的关注主要是欧洲主权债务问题，因为它关系到美国的经济复

---

① Hillary Clinton's remarks at the Foreign Policy Group's "Transformational Trends 2013" Forum in Washington, November 29, 2012.

② Hillary Clinton's remarks at the Saban Center for Middle East Policy 2012 Saban Forum, in Washington, D. C., November 30, 2012.

苏。但近来美方有两个新提法值得关注。第一，希拉里·克林顿说，美国全球战略东移不是美国独自行动，"而是与欧洲一起转移到亚洲。我们要就如何（与欧盟）在亚太地区实现合作互利加强对话与协调①"。第二，强调要进一步使北约现代化，使北约在亚洲发挥更多的作用。关于美俄关系，奥巴马将在连任后的初期适当改善与俄罗斯的关系，但主要在经贸关系方面，在反导问题的谈判上也可能有某些进展，但两国间基本矛盾不可能解决。美国政府高官近来的讲话更多地突出美俄之间的分歧，尤其是公开表示要阻止普京构建欧亚联盟，使俄罗斯大为恼火；而美国对关闭在莫斯科的美国国际开发署办事处和限制非政府组织的活动也十分不满。

三、奥巴马未来四年对华政策基本取向

奥巴马连任将基本维持对华政策的连续性，不会有太大的变化，同时，奥巴马连任将大大缩短两国因领导人更迭带来的相互磨合期，也增加了美国对华政策的可预见性，因而有利于继续维持两国关系的基本相对稳定。

未来四年，奥巴马的对华政策基本取向将在继续推进全球战略重心东移的大战略的前提下，在亚太实施战略再平衡和"中国既是对手又是潜在伙伴"的基本定位的基础上，推行"既防

---

① Hillary Clinton's Remarks at the Foreign Policy Group's "Transformational Trends 2013" Forum At Washington, November 29, 2012.

范、遏制又接触、合作"的两面下注并同时加强的对华政策。一方面，努力在亚太地区"推动建立一套基于规则之上并且将促进未来数十年的和平与繁荣的秩序①"，将我国纳入由美国主导的全球政治、经济体系；另一方面，奥巴马将继续与我国保持多层次政治交往，在重大国际问题和全球性问题上谋求与我国协调和合作，特别是将进一步加强与我国的经贸关系。

鉴于奥巴马急需解决国内经济、推行以经济为中心的对外政策，2013 年奥巴马可能要在对华经贸政策上做适当调整，改善两国的经贸关系。在奥巴马出口倍增的计划中，对华出口平均年增长 18%，占其所有出口对象国的首位。为实现这个目标，他必须调整这两年的对华经贸政策，可能在与军事和科技发展无关或关系不大的领域放宽对华高科技产品的出口，如环保产品、农产品等，微调对中国企业赴美投资和并购的政策。但与此同时，对尖端产品的出口、技术转让和科技合作方面的限制将不但不会放松，反而更加严厉，同样，对华贸易保护主义和投资保护主义也只会加强，不会减弱。

在防范和遏制方面，可能着重在以下几个方面推进和加强。

①更深入地介入和插手南海与东海问题，威胁我国周边安全环境。希拉里·克林顿最近建议国会尽快批准海洋法公约②以及美国参议院 2012 年 11 月 29 日一致表决通过一项修正案，把明示尖阁诸岛（即我国钓鱼岛及其附属岛屿）是日美安保条约第五条适用对象的补充条款写入 2013 年财政年度国防授权法，正

①② Hillary Clinton's Remarks at the Foreign Policy Group's "Transformational Trends 2013" Forum At Washington, November 29, 2012.

是进一步插手我国与部分周边国家海洋权益争端的前奏。

②在网络空间领域，第一，在军事安全方面，美国已把中国作为网络攻击的主要对象国之一。第二，经济、金融安全也是美国网络攻击的主要领域。据中国国家计算机网络应急技术处理协调中心网站发表的报告，2012年1~6月大约780万台中国的计算机受到来自27900个国外IP地址的攻击，其中70%来自美国[①]。仅2012年10月，位于美国的控制服务器控制了我国境内193.89万多个主机IP地址，占外国控制我国境内主机IP地址之首。第三，利用网络、电子媒体等手段在我国传播美国式民主、自由和人权等理念，对我国进行和平演变。

③在太空领域，加强太空军事化，利用美国的技术优势，使用空天飞机、全球鹰无人机在我国高空进行长时间的侦察和监视。利用美国在澳大利亚部署的雷达监控中国太空活动。

④在经贸和科技创新领域，利用美国在相互依存关系中的优势地位打压我国经济发展，利用知识产权问题和"国民待遇"压制我国科技创新。

⑤大大加强对我国的军事、商业和科技情报的收集活动。早先帕内塔就任美国中央情报局局长时首次公开发表的讲话中就明确地把对华情报工作列为首要任务。《华盛顿邮报》最近2012年12月1日又报道说，美国国防部计划扩大间谍网，把收集中国军队现代化建设与关注非洲的伊斯兰好战组织、朝鲜和伊朗的武器转让并列为三大首要任务之一。

---

① IP地址是指计算机网络连接号，分网络号和主机号两种。

⑥继续插手台湾问题，干涉我国内政。要警惕进一步提升美国与台湾地区官方交往级别以及向台湾地区出售 F – 16C/D 战机的可能性。据美国媒体报道和一些智库中的亲台、反华分子的建议，美国将加强暗中阻挠和破坏两岸退休军官交往和政治谈判的工作。

尽管两国关系的总趋势可能会面临更多的困难，但是，我们对美国的这种防范和遏制政策，也要进行实事求是的分析和判断。客观地说，它并不意味着美国要与我国进行直接对抗，更不是进行军事入侵，至少在今后十年二十年之内不会发生这种情况。最近，希拉里·克林顿国务卿在谈到中美关系时说："我们正在试图就现成大国和崛起大国之间可能发生什么问题这样一个老问题寻找答案。"当然，"任何人都不要幻想这是一件容易的事。但是，有理由希望我们能在未来若干年内规划出一条避免冲突和在一些共同领域内进行合作的道路①"。这表明美国正在考虑研究习近平总书记今年早些时候在访美时提出的中美之间应构建一种新型大国关系的建议。美方的这个回应无疑是积极的。

---

① Hillary Clinton's remarks at the Foreign Policy Group's "Transformational Trends 2013" Forum in Washington, November 29, 2012.

从"黄岩岛模式"探讨维护周边稳定
与维护国家利益的思路

◎ 杨　毅

2012 年是我国外部环境极为复杂的一年，美国战略调整给我国带来巨大压力，周边国家也趁机发难。我国始终采取"有理、有利、有节"的对应举措，把握战略主动权，取得了维权和外交两大方面的成功。

影响我国整体安全环境和周边安全环境的主要变量是美国因素，挑战的多元性与复杂性是我国外部环境的突出难点，应对"双重""两难选择"增添了我运筹的难度。我国要以新的战略思维，运用综合战略资源应对。要努力争取战略主动、统筹大国关系的互动，积极参与美国等国主导的多边安全机制，积极建立和扩大我们主导和倡导的多边安全合作。

胡锦涛同志在中共十八大报告中指出："我们要准确判断重要战略机遇期内涵和条件的变化，全面把握机遇，沉着应对挑战，赢得主动，赢得优势，赢得未来。"

2012 年是我国外部环境极为复杂的一年，美国战略调整给我国带来巨大压力，周边部分国家也趁机发难，来自海洋，特别是东海和南海方向发生"联动"效应对我国的安全环境产生了不利影响。应对日本和菲律宾在钓鱼岛和黄岩岛对我国的挑衅，我国迎难而上，变危机为机遇，走出了一条维护周边关系稳定与维护国家利益的新路子。

一、"黄岩岛模式"及其启示

2012 年 4 月 10 日，菲律宾悍然派出军舰到黄岩岛海域骚扰、抓捕我国渔民，我国相关部门派出海上执法力量赶赴该海区，与菲方军舰对峙，保护我渔民合法权益，取得了重大胜利。面对菲方采取的许多非理性的举动，无论是在其国内外举行大规模抗议，还是与美国举行联合军事演习，我国都始终采取"有理、有利、有节"的对应举措，把握战略主动权，取得了维权和外交两大方面的成功。

菲律宾之所以在黄岩岛海域敢于与我国"较劲"，主要有三个企图。

第一，想利用人们普遍同情弱者的心态，在国际上导演一场小国被大国欺负的"悲剧"。如果我国动用海上军事力量对付菲律宾军舰和公务船只，即可达到让国际社会认为中国以大欺小的目的。对此，我们坚持军事力量不部署在前方，而是由渔政船和海监船等国家海上执法力量执行"警察抓小偷"任务，理直气壮地驱离菲方公务船和渔船，使对方抓不到借口。

第二，菲律宾想挑动整个东盟国家集体与中国对抗。我们深入地做了东盟成员国的工作，在坚持"有理、有利、有节"的反制措施的同时，揭露菲律宾挑衅行为，使得大多数东盟国家没有公开站在菲方立场上，使得阿基诺三世总统十分恼怒、懊丧。

第三，菲律宾想把美国拉进来与中国对抗。我们对美国做了深入细致的工作，特别是在 5 月下旬举行的中美第四次战略与经济对话中，向美方通报了菲律宾动用军舰威胁我国渔民的错误行动及其严重性，强调了中国的合情合理维护渔民权益，呼吁中美两国共同承担维护地区和平稳定的责任。最后，美方关于"黄岩岛事件是一起纯粹的渔业纠纷"的表态，让菲律宾没有抓到期望的救命稻草。

在这场斗争当中，我们不但没有让菲律宾捞到什么便宜，而且还创造了"黄岩岛模式"，即挑衅中国的行动会让其失去的东西远远比获得的多。我们派渔政船坚持驱赶在黄岩岛捕鱼的菲律宾渔船，让他们再也尝不到在中国海域捕鱼的甜头。黄岩岛事件不但有效地打击了菲律宾的气焰，也对其他企图侵犯中国国家利益的国家与势力发出了警告信号。

中共十八大的胜利召开，极大地提振了全体中国人民满怀信心建设小康社会的激情。我们有理由相信，前途会更加光明，同时，我们也应该清醒地认识到，我国的发展与国家安全将面临更加复杂的挑战。需要对我国面临的安全环境变化及其动因有一个全面、辩证、深入的认识，更好地把握维护国家利益与维护外部环境稳定的统筹。

二、正确判断我国外部安全环境

由于我们自身实力增强与地位提高，我国国际安全环境将继续得以改善，与主要大国安全关系会保持稳定，但是与周边国家的安全关系波动将不会在短时间内消失。在美国幕后操纵、挑拨甚至直接参与下，部分国家与我国安全利益冲突表面化，各方在涉及国家主权和核心利益问题上难以做出重大妥协，阶段性僵持局面将继续甚至还会升级。

首先，影响我国整体安全环境和周边安全环境的主要变量是美国因素。基于中国发展势头强劲，最有潜力挑战美国霸权的战略判断，美国全球地缘战略谋划中更加聚焦中国。奥巴马政府将继续强行、扎实推进"战略再平衡"，为了平衡中国的影响，防止中国成为唯一主导亚洲事务的国家，美国可能做出一些更加"出格"的动作。

其次，周边安全挑战的多元性与复杂性是我国外部安全环境突出难点。在我国经济实力和其他综合国力保持强势上升态势的背景下，美国对我国的战略防范与周边国家对我国的恐惧与担忧都会继续增强，它们相互借重，复合交汇，在涉及与我国利益冲突问题上一拍即合，对我国形成更加明显的"同步压力"。

第三，主要邻国对华政策的双重性是我国周边安全环境不稳定的重要诱因。我国周边主要邻国对华政策走向存在明显的不确定性，这些国家一方面想"搭便车"，同时又对中国崛起带来的冲击感到恐惧，希望美国更多地介入亚洲事务，藉以平衡中国的影响，在应对中国的问题上，这些国家与美国重返亚洲的战略有共同点，同时又担心被夹在中美之间做痛苦选择。

第四，应对"双重""两难选择"增添了我国运筹周边安全的难度。我国处于全面实现小康社会的关键阶段，需要处理好与当今世界霸权国美国的关系，以避免陷入传统新兴大国崛起"安全困境"，同时也需要妥善处理好维护国家利益与维护周边稳定的"两难选择"。

三、积极主动应对安全风险挑战、坚持防守反击与乘胜追击

首先，要端正心态，在挑战复杂、威胁多元、压力增大的情况下，我们要防止心浮气躁，不冷静的、冲动的冒险主义，也要防止缩手缩脚、丧失良机的保守主义。

其次，要以新的战略思维，运用综合战略资源来应对。虽然周边国家从我国发展中受惠，但是由于其双重心态作怪，使得我们按照过去单纯通过经济等各方面"让利"或者通过日益扩大的共同经济利益来实现周边和谐的想法难以为继，单纯靠花钱买友好，买不来。一味忍让、消极维持战略机遇期，维持不住。

缺乏具体途径和手段的"和谐世界"、"和谐周边"目标是沙滩楼阁，难以为继，利用和延长战略机遇期的战略口号已成为他国欺负我们的"软肋"与"穴位"，不能单纯防守，要调动综

合资源，制定统筹的战略规划，有所作为。

第三，一定要努力争取战略主动，坚持"预防为主"、"前期介入"、"反向制衡"等三项原则。

"预防为主"，就是通过积极周旋、沟通调停、恩威并施等方式降低相关矛盾方利益冲突刚性程度，预防危机的发生或者推迟、弱化危机发生的时间与烈度。

"前期介入"，就是在风险呈现苗头或初期即积极介入，提出解决危机的方案，引导事态朝着缓和方向发展，一旦危机出现就要防止升级失控。

"反向制衡"，就是积极联合一切可以利用的积极因素，组成冲突制约阵营，增大风险制造方的成本并降低其战略收益。

在处理重大安全议题上要遵循争取积极因素，降低消极因素的原则，争取维护国家利益与维护外交关系稳定的统筹兼顾。

在处理重大安全议题上要做到维护核心利益，坚决斗争不退让；拓展重大利益，合作中谋长远；争取一般利益，灵活运作，不激化矛盾。

第四，坚持防守反击、乘胜追击的原则，争取稳、不怕乱，乱中进取、进二退一。对于重大国际安全事件，特别是涉我事件要争取在第一时间内做出反应，善于控制危机。对于任何国家伤害我国安全利益的行为，我们的自卫还击要坚决，措施要做到"短、平、快"，不拖泥带水，不留后遗症。

不但要化解危机，更要塑造态势，要变坏事为好事，变危机为机遇。要通过一件事、一次争端、一次"过招"，"量变到质变"来促进双边关系游戏规则朝着更加公正和对我国有利的方向转变。从"不惹事"、"别出事",到"做事谋势"。

第五,要统筹大国关系的互动,对美国"正面求稳、侧翼谋势";对俄罗斯"物化和固化利益共同体、强化多边合作伙伴";对东盟"区别对待、扬善抑恶";对日本"恩威并施、以压促变",特别是在钓鱼岛问题上绝不能虎头蛇尾;对印度"提升关系战略层次,给予印度相应的尊重";对朝鲜半岛"加大投入、有效管控、趋利避害";对欧盟"增加尊重、扩大务实合作"。

在多边安全机制中要更加积极主动地参与,不回避、不自我封闭、积极主动地"与狼共舞",而不要被"缺席审判",既要积极参与美国等国主导的多边安全合作机制,也要积极建立和扩大我们主导和倡导的多边安全合作,做好军事与外交的配合,演奏好国家大外交的"交响乐"。

2012 年的朝鲜：金正恩执政第一年

◎ 卞晓春

2011 年 12 月 17 日，朝鲜最高领袖金正日去世。纵观 2012 年，朝鲜一直是全世界媒体关注的焦点。朝鲜新的最高领导人金正恩在一年中基本完成了政权交接，维持了政权的稳定性。由于六方会谈除朝鲜外的五国在 2012 年或进行了大选，或领导人换届，朝鲜在这一年中面临的外部压力相对较小，未出现真正危机。外界更多的是关注朝鲜内部一年来的变化，特别是朝鲜国内政治经济和军事力量的变化。

2012 年 12 月 20 日，随着朴槿惠当选，成为韩国第一位也是东北亚第一位女总统，继朝鲜 2011 年末领导人变化之后，六方会谈的所有其他五国——俄、美、中、日、韩相继完成了领导人更替。回顾 2012 年，由于美日韩面临选举和领导换届，对朝鲜半岛的关注虽未减少，但总的来说外部干预不多；虽然南北朝鲜间的相互威胁不断增加，但并未出现真正危急的时刻，给了朝鲜新领导人金正恩更多的时间来实现自己的想法。即将到来的 2013 年，随着有关各国新政府上台，朝鲜半岛形势如何变化，将更加引人关注。

　　朝鲜中央通讯社 2012 年 12 月 21 日发表公报说，最高领导人金正恩打开了"向新的主体 100 年大进军"的转折局面。公报列举过去一年朝鲜在金正恩领导下完成的一系列大事，包括把安放金日成主席和金正日总书记遗体的锦绣山纪念宫命名为"锦绣山太阳宫"，装修后重新开放；确定了民族最大节日"光明星"节；金正恩在经典著作《竭诚拥戴伟大的金正日同志为我们党永远的总书记，出色地完成主体革命事业》中，将朝鲜劳动党的革命思想正式概括为金日成—金正日主义；庆祝金日成主席诞辰 100 周年中央报告大会、阅兵式和烟火晚会等党和国家的重要政治活动在首都平壤举行；成功发射"光明星 3 号"人造地球卫星；国家整体工作明显转向改善人民生活和建设社会主义文明国家等。据初步统计，金正恩在 2012 年共进行 144 次公开活动，其中视察军队约 50 次，有关经济和民生的公开活动达到 32 次，还包括参拜锦绣山太阳宫、观看表演和参加公开群众活动等。此外，金正恩在 2012 年还发表了 5 次演说和 13 篇文章。

　　上述朝中社列举的 2012 年大事可以归纳为三大类，即平稳继承政权、卫星发射和加强经济工作。可以说，要看清 2012 年的朝鲜，就应该从这三方面入手。

一、政权平稳过渡

　　2010 年 9 月 28 日，在时隔 44 年之后，朝鲜召开第三次劳动党代表会议。在朝鲜，党代表会议的特色是讨论决定有关党的路线和政策以及战略策略方面的紧急问题，进行人事调整。在这次党代会上通过了《党章修改决定书》，将"继承"作为连接劳动党过去、现在和未来的纽带，此次修改"保证党建上的继承性是党的基本原则"，这次修订增加了"金日成同志是党和革命永远的领袖"和"伟大领袖金日成同志和伟大的领导者金正日同志不朽功绩"等内容。

朝鲜劳动党自 1980 年六届一中全会以来，一直未对领导机构进行大规模调整，30 年里，劳动党中央政治局 5 位常委中已有 4 人先后逝世。2010 年 9 月 28 日召开的这次党代表会议选举产生了最高领导机构，补充了新的政治局常委、委员、候补委员和党中央书记局书记等。在这次党代会上，金正日继续担任劳动党总书记。这是他继 1997 年任总书记以来，再次被推举担任这一职务，同时他还被选为党中央军事委员会委员长，在党内的领导地位进一步加强。最引人注目的是，这次党代表会议增设了党中央军事委员会副委员长职务，会前刚被任命为人民军大将的金正恩当选这一职务，在军委会的排名仅次于金正日[1]。也就是从这一刻开始，金正恩作为未来可能的接班人真正进入了人们的视野。

虽然在 2010 年 9 月已被确定为接班人，但由于金正日在 2011 年 12 月 17 日突然去世，金正恩在思想准备不足的情况下仓促接班。金正日去世后，金正恩随即担任人民军最高司令官，又

---

[1] 高秋福主编：《金正日与朝鲜》，新华出版社 2012 年版。

在 2012 年 4 月的劳动党第四次代表会议上被推举为劳动党第一书记，在第十二届最高人民会议五次会议上被推举为国防委员会第一委员长，从而掌握了党政军大权，成为名副其实的新的最高领导人。金正恩接班虽然"快速"，但都是在党的政治局会议和党代表会议上通过严格的组织程序确定的，显示了朝鲜劳动党组织健全，有章可循。外界虽然对朝鲜的"三代世袭"颇有微词，但都认为是符合朝鲜国情的，从组织程序上来说，无可挑剔。

上台一年来，金正恩全面展示自己忠诚于金正日、捍卫金正日的业绩、不折不扣地执行金正日遗训的形象。金正恩上台后发表的第一篇文章题为《竭诚拥戴伟大的金正日同志为我们党永远的总书记，出色地完成主体革命事业》，在文中他将朝鲜劳动党的革命思想正式概括为金日成—金正日主义，他强调"把金日成—金正日主义作为党的永远的指导思想"、"把实现全社会的金日成—金正日化作为党的最高纲领"、要"坚决捍卫伟大将军的思想和业绩，按照将军的思想、意图，根据将军的方法解决革命和建设的所有问题"、要"把将军的遗训作为最高指针，毫不动摇、毫不让步、无条件地贯彻，光辉地实现将军的构想和愿望"。此外，为金正日树碑立传的一系列活动也是在金正恩的指示下完成的，显示了金正恩的忠诚和不可替代性。金正日去世后，朝鲜授予金正日"共和国英雄"称号、追授"大元帅"军衔，决定将金正日遗体安放在平壤锦绣山纪念宫，并将锦绣山纪念宫改名为太阳宫，决定在全国各地建立金正日铜像，出版《金正日全集》，把金正日确定为党的"永远的总书记"和国防委员会的"永远的委员长"。在金正恩上任初始，朝鲜劳动党和朝鲜政府的其他领导人也正面宣传金正恩接班的合法性和必要性，明确指出"很好地拥戴金正恩同志是继承和完成主体革命事业的坚强保证"，因为"金正恩同志将坚决贯彻遗训，带领我们前进"。

金正恩接班伊始即着手掌控军队，他的首次公开活动是 2012 年元旦视察金正日生前提出"先军政治"路线的起始点，也是金正日生前多次视察的人民军 105 坦克师，具有很强的象征意义。2012 年 1 月 9 日，人民军三军即在平壤举行誓师大会，发誓忠于金正恩的领导，听从金正恩的命令。在一年中，金正恩视察了大量人民军部队，亲临部队一线进行指导，展示其"军事才干和能力"，还把抗洪抢险和重大建设工程等任务交给部队完成，使军队在经济建设中也发挥主力军作用，特别是在 4 月 13 日召开的朝鲜第 12 届最高人民会议第五次会议上修改了宪法，在修改后的宪法中明确表示朝鲜为"核拥有国"，在宪法修订案序言中表明："金正日同志使我们祖国变成不败的政治思想强国、核拥有国、无敌的军事强国。"从方方面面表现出他对"先军政治"的最好继承。

在过去的一年中，外界最关注的是朝鲜军方高层的人事变动，这一年里朝鲜军方领导人变化很大，曾在 2011 年 12 月 28 日金正日告别仪式上和金正恩一起扶灵的 7 人中的 4 位军方领导人，总参谋长李英浩、人民武力部长金永春、人民军总政治局第一副局长金正阁和国家安全保卫部第一副部长禹东侧都已被调整。金永春 4 月让位于金正阁，已被调任劳动党部长，而金正阁在 4 月任人民武力部长后于 11 月即被解职，禹东侧自 2 月 16 日

"光明星"节活动后已逐渐淡出公众视野。这其中最受关注的是 7 月 15 日，朝鲜劳动党政治局会议决定解除政治局常委、人民军总参谋长李英浩的一切职务；10 月，李英浩被定性为反党反革命分子。在李英浩被解职的第二天，金正恩被授予元帅称号，第三天全军再次举行誓师大会，发誓忠于金正恩的领导。

虽然与金正恩一同扶灵的 7 人中的另外 3 位——国防委员会副委员长张成泽、党中央委员会书记金基男和最高人民会议议长崔泰福属于朝鲜劳动党系统的要员，在这一年中没有出现大的变动。但与军队的人事变动相同，这一年中，共有 10 名朝鲜内阁部长被撤换，可以看到身为 80 后的金正恩已经在对朝鲜的领导层进行改造，将大批年事已高、力不从心的领导人从领导岗位上调离，改变"一个 80 后与一批 80 岁以上的人共同管理国家"的局面。据韩联社称，在过去一年中，朝鲜军方七八十岁为主的军级干部已经有 30% 被四五十岁的干部接任。从目前来看，在党内支持力量的协助下，金正恩实现了政权的稳定过渡，进行了高层的重新洗牌，创造了一个良好的开端。但是，外界依然担心，新老交替虽势在必行，但这一过程能否保持平稳，在未来一个时期对金正恩仍将是最严峻的考验。

二、发射"光明星 3 号"人造卫星

朝鲜于 2012 年 12 月 12 日突然宣布，"光明星 3 号"二期实用卫星当天上午 9 时 51 分搭载"银河 3 号"运载火箭成功发射。

此前，朝鲜 12 月 1 日宣布将于 10 日至 22 日用运载火箭发射人造卫星，12 月 9 日凌晨 1 时，朝鲜中央通讯社援引宇宙空间技术委员会发言人的话表示，由于出现"一系列问题"，正在慎重考虑调整"光明星 3 号"卫星发射时间。10 日又宣布因第一级发动机有技术缺陷，将发射窗口延长一周。而仅仅 2 天后，朝鲜从在平安北道铁山郡东仓里的火箭发射场发射了搭载在"银河 3 号"火箭上的"光明星 3 号"人造卫星，正式加入了可自主发射卫星的"空间俱乐部"，在韩国之前成为世界上第十个独立发射人造卫星的国家。

在 4 月发射卫星失败后，此次朝鲜在同一地点，用同一运载火箭成功发射同一型号卫星，选择了一个十分有利的时机：一是金正恩执政将满一年，通过成功发射卫星，可以充分展示朝鲜坚强有力的新领导人形象，显示其坚决彻底地执行金正日遗训的决心，巩固内部团结；二是日韩都在忙于大选，因此没有太多精力关注朝鲜，有利于朝鲜按自己的方案完成发射，并避免有关国家做出过激反应；三是朝鲜在韩国"罗老号"发射一再推迟的背景下实现发射，对韩国构成了真正的威慑和羞辱，特别是在韩国公布"新导弹政策宣言"后，按照修改后的"韩美导弹框架协议"，韩国弹道导弹射程从 300 公里增至 800 公里，可以覆盖朝鲜全境；四是朝鲜在奥巴马获得连任后向美国政府施压，迫使美国重新评估对朝的"战略等待"战略，转向与朝鲜对话协商。此外，朝鲜从 1998 年 8 月发射"光明星 1 号"卫星，到 2009 年 4 月发射"光明星 2 号"卫星，再到 2012 年 4 月第一次发射"光明星 3 号"卫星，其中的时间间隔至少 3 年，而 2012 年第一次发射后承认发射失败，并在年内再次发射，这些做法在朝鲜前所未有，显示了金正恩具有危机处理能力和相当的胆识和魄力。

此次朝鲜以出其不意的方式发射，对国际社会的影响很大。朝鲜在发射前两次宣布延迟发射时间，还在发射场做了大量工作，最大限度地减小外界探测到火箭发射准备情况的可能性。在火箭发射前一天，朝鲜用起重机临时将火箭上部吊起，打破在发射前清理周边环境的惯例，发射台周围始终有车辆和人员往来，还从平壤派出一列装有火箭零件的火车开往发射基地，使西方认为朝鲜火箭出现严重问题，很难在年内发射。可以说，朝鲜明知韩美在严密监视自己的一举一动，而制订了周密的"瞒天过海"计划。这种"迷惑、调动、战胜"敌人的做法，一方面展示了朝鲜领导人继承祖辈"神出鬼没"的抗日游击队传统，显示了领导人的智慧和胆识，另一方面也加深了国际社会对朝鲜"言而无信"的印象，加剧了美日韩各方对朝鲜的不信任，给未来东北亚局势带来负面影响。

从朝鲜 12 月 1 日宣布将再次发射卫星后，国际社会就不断对此提出了异议，在一片反对和劝阻声中，朝鲜依然在 12 日发射了"光明星 3 号"卫星。事后，各方对发射的成功与否评价不一，但总的看对朝鲜的火箭技术给予了一致的肯定。朝鲜卫星管制综合指挥所主任金慧镇宣布，"光明星 3 号"二期卫星准确进入预定轨道，指挥所已收到第三级火箭和卫星分离的信号，"光明星 3 号"二期卫星已发出《金日成将军之歌》和《金正日将军之歌》音频信号。《华盛顿邮报》12 月 14 日的文章认为，经过了 14 年的努力，朝鲜终于发射一枚卫星进入轨道。但是这并不意味着这个国家拥有洲际弹道导弹的相关技术能力。《纽约时报》17 日报道，美国天文学家认为，朝鲜卫星的控制和平衡装置出现故障，也没有发回任何信号，种种迹象表明卫星可能已经失败，变成一颗"死星"，特别是它有可能与其他卫星相撞。

这次朝鲜发射卫星主要是以解决运载工具问题为主卫星为辅，在此前的失败基础上朝鲜发射一个简单的卫星，主要是检验运载工具是否恰当。而这个运载工具是否成功是美日韩最担心的，因为朝鲜有核武器，再加上有投掷手段，就变成了一个完整的核国家，形成了初步的核打击能力，这对他们威胁最大。而卫星是否成功，比如说调轨，能够入轨，这些当然对朝鲜很重要，但对美日韩而言是次要问题。

按照联合国 1718 号和 1874 号决议，朝鲜不能进行"利用弹道导弹技术的一切发射活动"。朝鲜的卫星发射受到联合国安理会相关决议的限制，是因为朝鲜在 2006 年和 2009 年不顾世界各国的反对执意进行第一和第二次核试验。而发射卫星的运载火箭从技术上说与发射远程弹道导弹是接近的。美韩日政府指责朝鲜打着发射卫星的旗号发展远程导弹，违反了联合国安理会通过的决议，是激化东北亚地区局势的"挑衅行为"。在朝鲜已经进行两次核试验的情况下，人们担心朝鲜借发射卫星来发展其弹道导弹技术是完全正常的，因此要求朝鲜履行安理会的决议，停止这样的发射活动也是合情合理的。同时，朝鲜作为一个主权国家进行和平的外层空间开发也是世人公认的不可剥夺的权利。目前朝鲜正致力于发展经济，改善民生。发展宇宙空间技术为国民经济发展服务完全可以理解。把朝鲜发射卫星的行动一股脑儿地归结为"挑衅"的言论，也有失公允。还有一点应该看到，朝鲜作为地球上遭受最严厉制裁的国家，经历了从贸易禁运、中断经济合作、切断经济或技术援助到金融制裁的各种封锁，朝鲜已经没有什么可失去的，通过发射卫星吸引有关国家关注，迫使他们回到谈判桌上，也是朝鲜权衡得失后的选择。

朝鲜此次成功发射卫星对东北亚局势的冲击和朝鲜核试爆差不多，它标志着朝鲜战略导弹技术的重大突破，进一步挑战了东北亚均势，中国外交部在朝鲜发射前一再重申"朝鲜作为主权国家有和平利用外空的权利，但考虑到朝鲜半岛的局势和安理会有关决议的限制等因素，中国希望朝方从半岛和平稳定大局出发，慎重行事"。事后，中国再次建议有关各方不要过度反应，强调说服和对话仍是把朝鲜从孤立拉回到接触谈判上来的最好办法，六方会谈机制仍是解决半岛问题的最好地方。局势的进展再次显示，中国影响东北亚各方态度的能力非常有限，有关各国都在固执地争取更具优势的安全地位，同时客观上挤压他国的安全空间，从而招致更加激烈的反弹。这样的恶性循环目前并没有减弱的迹象，而是愈演愈烈，逐渐对东北亚集体安全构成实质威胁。

三、加强经济工作

朝鲜近年来一直没有中断过对经济发展道路的探索。2002年7月1日朝鲜实行"经济管理改善措施"，允许人们"做买卖"和"综合市场"的大发展。2009 年 11 月 30 日实施了货币更换。2011 年 1 月 15 日，朝鲜成立了"国家经济开发总局"[1]，2012 年 6 月更是提出建立"朝鲜式新经济管理体制"。尽管没有朝鲜经济的具体数据，借助朝鲜吸引外资政策的变化、对外贸易快速发展和普通朝鲜人生活的变化来观察和分析，仍能看出朝鲜的经济已经开始好转，基本走出了经济最困难时期，并已出现"改革"或"调整"。

自金正恩执政以来，朝鲜"经济调整"步伐稳步推进，开放信号日趋强烈。朝鲜高级官员在联合国大会等场合一再强调发展经济，改善人民生活。朝鲜国内政界和学界对经济改革的讨论也日益活跃，特别是在是否解散农业合作社，是否实施土地承包制，如何改善粮食收购的方式和价格等问题上。金正恩上任以来，多次在朝鲜党和政府最高会议上指示将发展经济列为头号目标，农业管理体制正在酝酿和实施调整。对国内经济管理的权利更多地集中在内阁。朝鲜媒体还称，朝鲜拥有独特的搞活经济策略，对经济发展的信心也不断增强。

金正恩上任的第一年就遇上了先旱灾后洪灾，经历了水火两重天。2012 年 4 月下旬至 6 月中旬，朝鲜西海岸地区遭遇了 50 年不遇的干旱。而自 6 月中旬以来，朝鲜连续出现暴雨和龙卷风天气。根据朝鲜官方统计的数据，6 月中旬至 8 月底的洪水和台风导致朝鲜全国 300 多人死亡，600 多人受伤或失踪，同时造成巨大财产损失，朝鲜共有 8 万多户民宅损毁，约 30 万人无家可

---

[1] 张幸仔，《朝鲜——东亚安全的阀门》，2011 年 4 月。

归，大量农田被淹、盐田被毁，数千栋教育、卫生和其他公共建筑物被破坏，上百公里的输电线路和电缆被毁，50 多个煤矿坑进水或塌方，180 多个采煤场和掘进工作面被淹，约 2 万平方米的铁轨路基被冲垮，300 多处铁轨被泥石流掩埋，数十个隧道和铁桥被破坏。即便在如此困难的背景下，朝鲜中央广播电台 12 月 7 日称，截至 12 月 5 日，朝鲜已 100% 实现 2012 年的人民经济计划和 113.7% 实现了生活必需品生产额。由此可以看出，自然灾害虽然对朝鲜的农业生产影响较大，但对经济的其他方面影响有限。

1. 积极吸引外资

最近一段时间以来，朝鲜积极吸引外来投资的态度非常明确。朝鲜合营投资委员会相关负责人尹英锡 2012 年 3 月就表示，朝鲜将进一步改善投资环境，为外国投资者经营企业创造良好机会。在尹英锡看来，朝鲜的整体投资环境正在朝积极有利的方向发展，目前签订合营合作合同的件数也在持续增加。

为让外资来得放心安心，朝鲜已制定了 20 多部外资相关法规，包括外国人投资法、合营法、合作法、外国投资企业及外国人税法等，并不断补充修改，《朝鲜外国投资法》将保障外国投资者和外国投资企业的合法利益及经营活动条件。据朝鲜中央通讯社 2 月 9 日报道，朝鲜还修订了《外国投资银行法》。该法律共五章三十二条，涉及外国投资银行的分类、设立地区、所有权和经营活动的独立性等内容。该法规定，营业期限为 10 年以上的，免交获利第一年的企业所得税；通过对朝鲜银行与企业有利条件的贷款产生的利息，免交营业税。

朝中社 3 月 17 日播发了朝鲜黄金坪、威化岛经济区法和经过修改补充后的朝鲜罗先经济贸易区法，增加了对投资基础设施建设、高新技术产业以及生产具有国际竞争力产品的企业给予特别奖励等内容。此外，朝鲜已与 28 个国家签订投资奖励及保护协定，与 15 个国家签订防止双重征税协定。对受鼓励的外国投资给予优惠政策，免除销售税、登记税、资本税，对投资经营用物资免除关税。在朝鲜，目前企业所得税是结算利润的 25%，这一税率在罗先经济特区为 14%，鼓励外国投资的部门为 10%，具有一定的吸引力。

朝鲜已设有朝鲜对外贸易仲裁委员会、朝鲜海事仲裁委员会、朝鲜软件仲裁委员会等法律服务机关，以及朝鲜合营投资委员会、朝鲜对外经济投资协力委员会、朝鲜对外贸易促进委员会、海外经贸代表部等咨询服务单位。为更积极地招商引资，朝鲜目前已设有 38 家海外经贸代表部，所在地包括中国的北京、广州、沈阳、大连、长春、丹东等六个城市，俄罗斯的四个城市，以及德国、法国、巴西、印度、印尼等国的首都。2012 年 8 月 14 日，中朝罗先经济贸易区和黄金坪、威化岛经济区开发合作联合指导委员会第三次会议在北京召开，并宣布由中朝两国共同管理的中朝罗先经济贸易区和黄金坪、威化岛经济区管理委员会成立。2012 年 9 月 7 日，中朝两国政府在长春首次举行中朝罗先经贸区暨黄金坪、威化岛经济区投资说明会，中朝两国的合作正式进入招商引资的实质性开发阶段。

2. 对外贸易快速发展

中国是朝鲜最大、最可靠、最重要的贸易伙伴，朝鲜对华贸易数据可以说明朝鲜对外贸易近年来发展迅速，也从另一个侧面说明朝鲜经济在向好的方向发展。一般说来，一国经济增长提速也意味着进口提速，发展中国家尤其如此，因为此时该国对进口技术装备、原料、能源的需求都会增多。按照韩国统计厅 2012 年 12 月 27 日公布的"朝鲜主要经济指标"报告称，朝鲜 2011 年对华贸易依存度首次突破 70%。因此，中朝贸易在相当程度上可以代表朝鲜对外贸易总体形势。

每年 5 月举行的平壤春季国际商品展览会，是朝鲜最大规模的国际商品展览会。2012 年的展会吸引了来自朝鲜、中国、德国、英国、澳大利亚、意大利等 16 个国家和地区的 270 多家企业参展，展出了机床、电气电子产品、轻工业产品、食品和医药制品、化学制品、运输器材等 2100 多种产品。在 9 月举办的平壤秋季国际商品展览会期间，朝鲜合营投资委员会还首次召开了投资说明会，为前来参加展览会的外国企业详细介绍朝鲜投资环境，这也是迄今为止八届秋季展会上的首个"增加动作"。

考察中朝贸易，可以发现，2002～2012 年间，中朝贸易额和中国对朝鲜出口（即朝鲜从中国进口）增速高于我国贸易总额和出口总额增速。2002～2011 年，中国进出口贸易额从 6207.66 亿美元上升至 36418.64 亿美元，增长 487%；同期中朝贸易额从 7.3851 亿美元上升至 56.3940 亿美元，增长 664%。中国出口总额从 3255.96 亿美元上升至 18983.81 亿美元，增长

483% ；同期中国对朝出口从 4.6771 亿美元上升至 31.6476 亿美元，增长 577%。特别是 2007 年以来，中国对朝鲜出口（即朝鲜从中国进口）和从朝鲜进口增长均快于全球贸易额增幅，在 2009 年的全球危机时期，降幅也小于中国外贸和全球贸易总额降幅。仅 2011 年朝鲜与中国的贸易额为 56.39 亿美元，远高于 2010 年的 34.71 美元，中国在朝鲜对外贸易中所占的比重达到 70.1%。

特别应该注意的是，虽然中国对外援助和捐赠的数据会影响贸易数据，但是按照中国海关的统计，目前我国无偿援助和捐赠的总额相当小，2012 年 1~7 月的总量只有 3.3304 亿美元，即使全部计算到朝鲜名下，并不会对中朝贸易的上述分析产生影响[1]。

3. 普通人生活的变化

2013 年新年，平壤人最喜欢的去处是新近完工的柳京院（提供洗浴、桑拿、美容美发和餐饮服务）和人民露天滑冰场，普通朝鲜人的生活正在发生变化，随着正在建或已经建成的熙川江、金野江、礼成江、渔浪川、白头山青年、元山青年、金津江青年等水电站，大大提高了朝鲜的电力供应能力，使得朝鲜人民生产生活用电大大改善，平壤等城市的夜晚也明亮起来。不管是平壤万寿台地区仓田大街新入住的三室两厅两卫的宽敞新居，还是第一家美式快餐店、第一家意大利式比萨饼店、第一家中式火

---

[1] 梅新育：“朝鲜经济出现复兴迹象”，《中国经济报告》，2013 年第 1 期。

锅店、第一家 24 小时营业商店、第一家夜间游乐场的相继出现，抑或是平壤的女性们之间正在刮起的"李雪主时尚潮流"短裙和街头姑娘时髦的罗马鞋和百褶裙，以及奥地利投资商赫尔穆特已将朝鲜首家外国咖啡馆开在了位于平壤市金日成广场的国家博物馆内，都让人们感觉到朝鲜普通人生活的改善正悄然来临。

朝鲜唯一的 3G 网络运营商高丽通讯（Koryolink）公司隶属埃及电信业巨头奥拉斯科姆电信公司（Orascom Telecom Holding）。该公司称朝鲜的手机用户发展迅速，2012 年底将突破 150 万大关。目前，94% 朝鲜民众居住在移动通信信号网络覆盖区，平壤市更是在 2008 年 12 月 15 日已开通 3G 业务。如果以 2011 年朝鲜人口 2440 万为基准，150 万手机用户占朝鲜总人口的 6%，同时意味着其家属等 450 万 ~ 600 万人可接近手机，也就是说朝鲜总人口的 23% 已有机会使用手机。

4. 未来的朝鲜有着巨大的吸引力

从经济学角度看，朝鲜就是当前世界上最好的待开发的市场之一。随着朝鲜经济发展，人民收入水平提高，朝鲜民众的购买力被开发，对各类产品的需求潜力巨大。因此，外界对朝鲜经济的细微变化都十分敏感，希望在未来第一时间赶上朝鲜经济开放的头班车。

朝鲜有着良好的工业化基础，在苏联解体前曾在化纤等多个行业领先于中国，朝鲜的人力资源基础相当不错，国家重视普及教育与医疗卫生保障，实行 12 年免费教育制度，加上朝鲜政府拥有强大的动员能力，如果外部国际环境正常化，这个教育普及、人民勤奋守纪、劳动力成本低廉的国家完全有可能成为外向型制造业领域的一支强劲新军。

金正恩在执政后多次视察朝鲜民众的工作生活场所，要求干部优先看待人民利益。强调在任何环境和条件下，首先重视朝鲜人民利益、保障人民福利、将人民视为最宝贵存在，这是朝鲜劳动党的活动方式。《劳动新闻》6 月 14 日的文章指出，朝鲜劳动党把不断改善民生作为自己活动的最高原则，最大限度地调动业已具备的经济基础和潜力，最优先集中力量提高人民生活水平，为人民创造更多的福利，是朝鲜劳动党的意志。朝鲜媒体近来还集中宣传"在金正恩领导下经济领域取得的成果"。朝中社 12 月 7 日发表公报，提出"以金正日爱国主义创造大变革"。公报称，"（朝鲜）到处涌动大胆革新、大胆创新的热潮。发生的一切奇迹和变革，是金正恩的正确领导所带来的宝贵硕果"。而此前，"变革"两字极少出现在朝鲜媒体上。

今后，如果朝鲜能够实施由内阁统一管理的经济，国家资源的配置进一步向人民经济倾斜，并结合一定的改革措施，农业以及轻工业部门的生产将会增加，国家财政负担会相应减少，从而提高经济效率，有望带来朝鲜国民经济的复兴。

自 2011 年 12 月 28 日金正恩亲自为父亲金正日守护灵车开始，朝鲜真正进入了金正恩时代，在过去的一年中，朝鲜政治、经济、军事等方面发生的变化受到全世界的关注。今天的朝鲜是在当前特定的东北亚乃至世界格局中形成的，虽然还相对孤立，但一直在努力拓展生存空间。2012 年朝鲜在外交方面频频主动出击，金正恩年内相继接见了到访的中国共产党对外联络部部长王家瑞和中共中央政治局委员、全国人大常务副委员长李建国率领的中国共产党代表团。继 5 月访问新加坡、印度尼西亚后，朝鲜最高人民会议常任委员会委员长金永南接连访问越南、老挝和伊朗等国家。年内朝鲜与美日韩的高级别对话也进行了数次。

但是由于东北亚各种矛盾交织在一起，朝鲜半岛局势并不稳定，朝鲜的未来仍存在很多变数。由于朝鲜再次发射卫星，联合国安理会讨论此事势在必行。过去的事实证明，安理会的决议和主席声明对朝鲜并不起作用，而有关国家采取过激行动也只会使局势轮番升级，变得难以收拾。近 10 年的事实证明，任何单方面的行动也都不利于问题的解决，反而使局势变得更复杂，更难解决。朝鲜半岛局势关系到东北亚乃至全球的安全、稳定与繁荣。中国一直在半岛问题上坚持维护半岛的和平与稳定，坚持通过六方会谈一揽子解决朝核问题和美朝关系问题，这也是有关国家的共识，符合各方利益，得到国际社会的普遍支持。

内外交困 风云突变
——2012 年日本政局与中日关系

◎ 王新生

2012 年是日本政局继续混乱的一年。民主党野田佳彦内阁执政不力导致党内分裂并失去政权。自民党重新执政反映出选民希望具有长期执政经验的政党稳定局势的愿望。2012 年的中日关系急剧下滑，并因"购岛风波"全面倒退甚至在钓鱼岛出现剑拔弩张的局势。

安倍晋三自民党政权成立后，内外政策将发生较大变化。对内首先要解决经济问题，将实施大胆的金融政策、灵活的财政政策。对外强化日美同盟。在对华关系方面，安倍虽强调"尽可能早地改善日中关系"，但从其内阁的人事安排看，中日关系并非乐观，依然风雨飘摇。

日本在 2012 年 12 月 16 日举行大选，结果执政的民主党惨败，其在众议院的席位从选举前的 230 个骤减为 57 个，自民党的席位却从 118 个增加到 294 个，其形势与三年前的大选截然相反。从整体上看，2012 年是日本政局继续混乱和中日关系急剧下滑时期，民主党野田佳彦内阁执政不利导致内部分裂，小泽一郎等多名议员退党，不仅失去政权，而且势力大减。中日关系也因"购岛风波"全面倒退，甚至在钓鱼岛出现剑拔弩张的局势。老牌政党自民党重新执政，反映了选民希望稳定的心态，但执政党在参议院席位不过半数，各党内外政策也不尽相同，因而未来的日本政局及中日关系有可能仍将处在风雨飘摇之中。

一、野田政权失去民心

民主党惨败的长期原因是鸠山由纪夫、菅直人、野田佳彦三届政权的连续失误，近期原因则是野田政权违背政权公约及其引发的党内分裂。2009 年民主党之所以获胜是因为在选举前提出许多投选民所好的政策，例如初中毕业以前的儿童一律提供津贴、在公立高中免费和私立高中学生补贴的基础上实施高中教育免费、废除包括汽油税在内的暂定税率、高速公路免费、补贴农户收入、将官僚主导变为政治家主导决策过程、将冲绳县的美军基地转移到县外乃至国外等。

但是，民主党上台编制新年度政府预算时才发觉亏空太大，政府财政收入远远不能满足通常的支出。焦头烂额的鸠山由纪夫首相不得不修改竞选公约，即暂缓废除汽油税暂定税率及高速公路免费等要求，农户补贴也从 1.4 万亿日元减少到 5618 亿日元。即使如此，一般会计支出达到历史最高规模的 92.3 万亿日元，但税收却因经济萧条仅为 37 万亿日元，只好发行破纪录的 44.3 万亿国债。鸠山担任首相仅半年时间，其内阁支持率很快从

75% 下降到 20%，不久被迫挂冠而去。尽管菅直人政权成立时内阁支持率高达 60%，但选民还是在 2010 年 7 月的参议院选举中抛弃了民主党，成为少数党。尽管 2011 年的"3·11 大地震"延缓了菅直人政权的寿命，同年 8 月菅直人政权仍为野田佳彦政权所取代。

2011 年 3 月发生的地震、海啸造成的损失为 20 万亿日元，相当于日本年税收的一半。核电站的最终处理，在可预测的范围内将会有几十万亿到上百万亿日元的支出。另外，人口老龄化、生育率降低后造成国家养老金制度、社会医疗保险制度难以为继。特别是在财政支出中，赤字国债占了一半，国家靠发行国债维持。日本政府积累下来的财政赤字已经接近日本储蓄总额，今后继续靠发行国债来维持政府的运营，已经不具有太大的可能。因此，野田政权成立后明确表示提高消费税税率。

2011 年 12 月 30 日，野田内阁相关官员举行会议，拟定社会保障与税制整体改革大纲草案，核心内容是把消费税率分别在 2014 年 4 月与 2015 年 10 月提高至 8% 与 10%，并计划最晚于 2012 年 3 月底向国会提交消费税增税相关法案。但因民主党在上台执政前承诺不增加税收，因而遭到党内不少议员的反对，内山晃等 9 名国会众议员以反对野田佳彦领导的政权谋求提高消费税税率为由退出民主党，并在 2012 年 1 月 4 日组建新党"纽带"。民意调查表明，支持提高消费税的国民仅有 28%，反对提高消费税的人增加到 52%，野田佳彦内阁的支持率较上年 12 月下跌 8.9 个百分点，为 35.7%；不支持率则上升 10.2 个百分点，达到 50.5%，是野田内阁诞生以来不支持率首次超过支持率。

为实现增税政策目标，野田首相在 2012 年 1 月 13 日改组内阁，17 名阁僚中 12 名留任，新阁僚最受注目的是民主党前干事长冈田克也出任副首相兼任社会保障和税制一体化改革和行政改革担当大臣。但舆论反映不佳，根据《朝日新闻》的调查，野田佳彦内阁支持率已下降到 29%，反对增加消费税的民众也上升到 57%。

在提高消费税税率法案提交国会之前，野田与反对增税并宣布将退出联合执政的国民新党代表龟井静香举行会谈，未能成功，但金融担当相自见庄三郎和国民新党干事长下地干郎等人则不准备退出联合执政，国民新党发生分裂。民主党前党代表小泽一郎及其派系反对提高消费税率相关法案，3 月底，总务副大臣黄川田彻等 4 名小泽派成员为抗议内阁审议通过相关法案而分别递交辞呈，接着民主党代理干事长铃木克昌等 29 名干部也提交辞呈。

6 月 4 日，野田首相第二次改组内阁，副首相兼社会保障与税制一体化改革、行政改革担当大臣冈田克也和外相玄叶光一郎等 13 名前内阁大臣留任，防卫大臣和国土交通大臣等 5 名大臣被更换。野田此次改组内阁的目的是考虑到党内的反对，通过满足自民党更换被问责大臣的要求，建造有利于朝野政党进行协商的环境。尽管社会舆论肯定改组内阁，支持率有所上升，但反对提高消费税率者增加 6 个百分点。

由于得到自民、公明两党的支持，6 月 26 日众议院全体会议以 363 票赞成、96 票反对的结果通过消费税增税法案。但在表决中，以小泽派议员为主的 57 名民主党议员投了反对票，还有部分议员未出席国会审议。根据该党相关规定，在国会审议中不按照政党决议进行投票的议员将受到开除党籍处分。因此，小泽一郎等 52 名众参两院议员向民主党执行部提出退党申请，民主党决定对其给予开除党籍处分，结果民主党在众议院的席位从 289 个下降到 251，仅比半数多出 11 个席位。7 月 11 日，小泽一郎率领 50 名国会议员成立新党，名称为"国民生活第一党"，小泽一郎为党首。7 月 24 日，退出民主党的参议院议员谷冈郁子等 3 人与退出国民新党的龟井亚纪子等 4 名女性议员成立新党派"绿之风"。

尽管消费税增税法案通过国会审议，但野田内阁仍将面临堆积如山的重要法案审议工作，其中最大的焦点是关系到 2012 年度预算财政来源的《公债特例法案》。7 月 6 日，财务大臣安住淳在记者会上表示，如果发行赤字国债所需的《公债特例法案》迟迟无法通过的话，预计 10 月底政府财政将面临枯竭，并对日本国民生活造成严重影响。8 月 16 日的一项最新舆论调查结果显示，野田内阁的支持率已经跌至 19.8%，首次跌破 20% 的记录。9 月底野田佳彦成功连任民主党党代表，并进行内阁改组，内阁支持率稍有上升。

10 月 29 日，第 181 届临时国会开幕，野田首相在众议院全体会议上发表施政演说时表示将坚决履行"面向未来的责任"，旗帜鲜明地表达出继续维持政权运营的决心，但在野党控制的参议院拒绝参加会议，而且内阁支持率仅为 17.7%，比 10 月调查时下降 11.5 个百分点，创下执政以来的新低。其后民主党和主要反对党同意尽快在国会通过发行赤字国债的《公债特例法案》

修正案，满足野田首相提出的解散国会众院条件。11 月 14 日，相关法案在参众两院获通过，同时野田首相宣布解散众院，随后 11 人离开民主党。

二、选民期望政局稳定

由于民主党政权不稳且民望急剧下降，因而引发其他政治势力纷纷出现，其中以大阪市长桥下彻最为积极。桥下彻本是一名律师，因出演日本热门电视节目"大家都想去的法律事务所"而成为日本知名人物。2008 年 1 月，桥下彻在 38 岁时当选为大阪知事，成为当时日本最年轻的知事。为推进大阪府与大阪市合并的"大阪都构想"，2012 年 4 月成立由大阪府、大阪市议员等组建的政治团体"大阪维新会"，并在大阪府议会选举中单独获得过半数议席，在大阪市和堺市两地选举中也分别成为第一大党。2011 年桥下彻竞选大阪市长成功，并将目光投向国家政治。

2012 年 2 月，"大阪维新会"宣布面向下届众议院选举举办的"维新政治塾"将于 3 月 24 日开讲。最初目标是招收 600 名学员，从中选出 400 人参加大选，争取拿下 200 个众议院议席。但招收学员通知发出后，各地报名者蜂拥而至，最多达 3326 人，不得不对报名者进行严格筛选。9 月 12 日，由"大阪维新会"创立的新党"日本维新会"在大阪成立，该党以参与国家政治为宗旨，计划参加下届众议院选举。新党总部设在大阪，党代表由桥下彻担任，其后有 9 名来自民主党、自民党、大家党的众参两院议员加入"日本维新会"。另一方面，9 月 26 日自民党总裁选举在其党总部举行，经过 2 轮投票，最终原首相安倍晋三战胜前政调会长石破茂、干事长石原伸晃、原官房长官町村信孝、代理政调会长林芳正等其他 4 名候选人，当选为新一任自民党总裁，任期为 3 年。

10 月 25 日，东京都知事石原慎太郎表示辞去东京都知事一职，宣称纠集日本国内的保守势力组建新党，争取在即将举行的大选中"重返国政"。11 月 1 日，自民党总裁安倍晋三在街头演说时表示接受野田首相在临时国会上审议《公债特例法案》的要求，条件是野田首相必须马上解散众议院举行大选。11 月 13 日，石原慎太郎举行记者会，宣布新党"太阳党"正式成立，原经济产业大臣、"奋起日本"党党首平沼赳夫与石原慎太郎共同担任新党党首。石原慎太郎在记者会上信誓旦旦地宣称，"日本能够变得更加强大，也必须让日本更加强大起来"，并表示将带领新党成长为能够与执政的民主党、最大的在野党自民党两大现有政党一决高下的第三大政党，为此与日本维新会进行合作。

11 月 17 日，桥下彻和石原慎太郎等人宣布日本维新会和太阳党合并，由石原慎太郎担当代表，桥下彻担任代表代行。该党主张打破中央集权体制、消费税地方税化、参加"跨太平洋伙伴协定"（TPP）谈判，强化农业竞争力，在能源政策方面没有明确提出废除核电站时间，但加进建立安全标准等规则以及电力市场的自由化等。滋贺县知事嘉田由纪子 27 日在大津市内举行记者会见，针对众议院选举，宣称将高举去核电大旗组建"日本未来党"，28 日与国民生活第一党以及其他一些小党派合并。

12 月 4 日，第 46 届众院选举报名工作截止，竞选活动拉开帷幕。各党党首及候选人连日在各地街头发表演说，奋力宣传本党主张。在此次大选中共有 12 个政党登记参选，是日本自 1996 年实行现行选举制度以来参选政党最多。另外有 1504 名候选人参选，是现行宪法 1946 年实施以来最多。结果自民党、民主党、维新会、公明党、大家党、未来党、日本共产党、社会民主党、国民新党、新党大地等党获得议席。除自民党和民主党外，维新会从选举前的 11 席增加到 54 席，公明党从选举前的 21 席增加到 31 席，大家党从选举前的 8 席增加到 18 席，未来党从选举前的 61 席减少到 9 席，共产党从选举前的 9 席减少到 8 席，社民党从选举前的 5 席减少到 2 席，新党大地从选举前的 3 席减少到 1 席，国民新党从选举前的 3 席减少到 1 席等。

盘点此次大选，民主党惨败的原因首先是许诺的政权公约实现不到 1/3，反而提高了政权公约没有的消费税税率，导致党内分裂和选民不满。其次，一味敲打官僚，高唱政治主导，结果未能发挥精英官僚的主观能动性，导致行政效率低下。再次，一方面减少政府投资，公共事业开支从 2009 年的 7.1 万亿日元减少到 2012 年 4.6 万亿日元，引起地方经济的衰退；另一方面增加其他经济效果不佳的开支，致使政府预算由 2009 年的 88.5 万亿日元增加到 2012 年的 96.7 万亿日元，为弥补税收不足，每年发行超过 30 万亿日元的赤字国债，从而使国债余额从 594 万亿日元增加到 709 万亿日元。另外，在核电站泄漏事故处理及其核能政策方面未能得到国民的认可，在恢复经济发展问题上与经济界精英人士的协调出现障碍等。结果在大选中不仅议席骤减，而且内阁官房长官藤村修、文部科学大臣田中真纪子等 8 名内阁成员落选，打破 3 名阁僚落选的原纪录。

自民党大胜反映选民希望具有长期执政经验的政党稳定局势，正如工商会主席冈村正立所指出的那样："选民对自民党执行政策的能力寄予厚望。"但此次大选投票率创新低，小选区为 59.32%，比例选区为 59.31%，与上届相比均下降 9.96 个百分点，创二战结束以来最低纪录。这种状况一方面反映了选民对政治的不信任感，另一方面也显示了一边倒的无风险选举，即自民党肯定获胜的局势降低了选民的投票热情。

此外，维新会、未来党等第三政治势力未能获得增长也反映了选民希望政局稳定的心态。尽管维新会赢得 54 席，大大超过选举前的 11 席，成为众院第三大党，但真正成为足以影响政坛的一极尚有距离。石原慎太郎认为选举结果"可以接受"，"一个新党不可能第一次参选就赢得多数席位"，桥下彻也认为维新会"取得一定成绩"，但"我们必须组建能够对抗执政党的力量"。未来党打出"零核电"旗号，同样期待成为"第三极"，遭遇惨败，党首、滋贺县知事嘉田由纪子说："我们的政策主张没有为选民所充分了解。我们没有足够的时间。"

12 月 26 日，安倍晋三自民党政权成立，日本内外政策将发生较大变化，其中修宪步伐将加快。日本共同社 12 月 17 日公布的一份调查结果显示，454 名新当选的众议员中有 343 人赞成修改宪法第九条，比例为 75.6%，超过了全体 480 名议员的 2/3，达到了提案修宪的条件，赞成允许行使集体自卫权的议员比例也达到 81.1%，此外有 66.5% 的议员反对加入"跨太平洋战略经济伙伴关系协定"（TPP）。但在有关应优先解决的课题（多项选择）中，96.9%的议员选择了"经济及就业对策"，比例高居首位。选择"外交及安全保障"和"社会保障改革"的议员比例分别为44.9%和44.7%，排在第二、三位。因此，安倍政权首先解决的是经济问题。

当前，日本经济的泡沫化、人口老龄化，再加上产业创新失去先机，经济成长受限。日本目前已经陷入所谓第三个失落的十年，1980年至1990年期间平均GDP增长高达4.5%，但1992以来的20年平均只有0.7%。2008年国际金融危机以来，日本经济一直处于半搁浅状态。有数据显示，2012年日本第三季度实际国内生产总值环比下降0.9%，按年率计算下降3.5%，是过去三个季度以来日本经济首次出现负增长。自民党在选举过程中提出的经济政策是：为摆脱通货紧缩和日元升值的局面，设定2%的物价目标；实施大胆的金融宽松政策，实现3%的名义经济增长目标；为加强企业的国际竞争力，降低法人税等。安倍晋三政权成立后表示新内阁是"危机突破内阁"，今后将实施大胆的金融政策、灵活的财政政策、刺激民间投资的成长战略，推动日本经济发展。从内阁成员的人事布局和机构设置来看也显示其对经济复苏的重视，例如前日本首相麻生太郎将出任副首相并兼任财务大臣和金融大臣、前自民党政调会长茂木敏充将出任经济产业大臣、自民党现任政调会长甘利明则任经济再生大臣等，新内阁增设日本经济再生本部等重要机构。

三、中日关系依然风雨飘摇

近些年来，中日关系不断受到冲击，其主要原因是 2010 年中国经济总量超过日本，特别是中国国防实力的明显提高，让日本感到不安。日本政府在修改防卫计划大纲的同时，提出中国是地区与国际社会的担忧事项，视中国为假想敌，到处拉拢盟友，并提出"东亚海洋论坛"构想，企图使南海问题多边化、国际化等。尤其在钓鱼岛问题上，中日双方达到尖锐对立甚至剑拔弩张的僵持状态。

新年伊始，日本冲绳县石垣市的四位议员在 2012 年 1 月 3 日登上钓鱼岛诸岛中的一个岛屿，接着日本内阁官房长官藤村修 1 月 16 日在记者会上宣称，日本计划 3 月底以前完成东海钓鱼岛周边 39 个无名、无人小岛的命名。尽管中国外交部发言人再次表示钓鱼岛及其附属岛屿自古以来就是中国的固有领土，中国对此拥有无可争辩的主权，捍卫钓鱼岛领土主权的决心坚定不移，但同月 29 日日本政府内部确定专属经济区内 39 座未命名岛屿的名称，其中包括钓鱼岛列岛附属的 4 座岛屿。对此，中国国家海洋局根据《中华人民共和国海岛保护法》公布了钓鱼岛及其部分附属岛屿的标准名称。日本政府对此进行抗议，表示决不接受中国的命名。日本文部科学省在 3 月 27 日公布 2011 年度的教科书审定结果，所有地理教科书都涉及钓鱼岛内容，称其是日本的"固有领土"。

　　4 月 16 日，正在美国华盛顿访问的日本东京都知事石原慎太郎在当地一个研讨会上表示"东京政府决定从私人手中购买钓鱼岛"，而且此计划已经获得钓鱼岛"土地拥有者"的同意。日本雅虎网站发起"是否赞成日本东京都政府购买钓鱼岛"的投票，在收到的 25 万个投票中，92% 表示赞成，7% 表示反对，在网友留言中，大多数也都支持东京都政府。但此举遭到中国政府与民间的强烈反对，中国渔政船不断出现在钓鱼岛毗邻海域。5 月 13 日在北京出席中日韩三国领导人峰会的日本首相野田佳彦与中国国务院总理温家宝举行会谈时表示"中方海洋活动刺激日本国民感情"。进入 6 月后，日本驻华大使丹羽宇一郎在接受英国《金融时报》采访时表示明确反对石原慎太郎购买钓鱼岛的计划，因为该计划"如果得以实行，将给日中关系带来极为严重的危机"。日本在野党要求撤换丹羽，尽管未能得逞，但丹羽宇一郎被迫就其发言向日本外务省官员表示道歉。其后日本民主党与自民党 6 名众议员乘渔船考察钓鱼岛周边海域，同行的还有 40 名日本人士在钓鱼岛进行垂钓，以显示日本对钓鱼岛的所谓"主权"。在其影响下，第八次中日共同舆论调查显示，对中国持坏印象的日本人达到 84%，比前一年增加 6 个百分点，为 2005 年以来的最高纪录。对日本持坏印象的中国人也达到 65%，与前一年基本持平。

　　7 月 6 日，媒体透露日本政府计划购买钓鱼岛中的 3 个岛屿，将其"收归国有"，中国外交部发言人对此表示中国的神圣领土决不允许任何人拿来买卖。8 月 15 日，乘坐"启丰二号"保钓船前往钓鱼岛宣示主权的中国香港保钓人士登陆钓鱼岛，日本冲绳县警及海上保安厅以涉嫌违反《出入境管理及难民认定法》为由逮捕 14 名保钓人士，17 日被释放回国。8 月 19 日，前往冲绳县石垣市为太平洋战争中"避难船遇难事件"举行祭拜活动的日本右翼人士登上钓鱼岛，其中包括国会、地方议员。9 月 9 日，国家主席胡锦涛在出席亚太经合组织第 20 次领导人非正式会议期间同野田首相进行交谈，指出中日关系因钓鱼岛问题面临严峻局面，强调在钓鱼岛问题上，中方立场是一贯的、明确的，日方采取任何方式"购岛"都是非法的、无效的，中方坚决反对。中国政府在维护领土主权问题上立场坚定不移，日方必须充分认识事态的严重性，不要作出错误的决定。9 月 10 日，中华人民共和国政府就中华人民共和国钓鱼岛及其附属岛屿的领海基线发表声明。

但是，日本首相官邸在 9 月 10 日就钓鱼岛问题举行阁僚会议，仍然决定将钓鱼岛、南小岛、北小岛三岛正式"国有化"，并用政府预算的准备金支付该款项，"国有化"后的钓鱼岛将由日本海上保安厅管理。中国外交部发言人在例行记者会上表示，中方正在密切关注钓鱼岛事态的发展，将采取必要的措施维护国家的领土主权。11 日，中国海监船抵达钓鱼岛外围海域，宣示主权。北京、广东、山东等地民众走上街头，抗议日本政府"购买"中国钓鱼岛及其附属岛屿。

与此同时，在中国驻日本大使馆附近，日本右翼团体策划了"包围中国大使馆"反华游行示威。在中日邦交正常化 40 周年纪念日之际，日本朝日新闻社在中日两国实施了一项社会舆论调查。针对"你是否认为目前中日关系保持良好状态"的提问，在日本只有 5% 的受访者认为"目前中日关系保持良好状态"，而持否定意见的达到 90%。在中国则有 14% 的人认为"目前中日关系保持良好状态"，持否定意见的达到 83%。另外，《日本经济新闻》与东京电视台的舆论调查显示，针对日本政府将钓鱼岛"国有化"一事，66% 的日本民众给予"积极评价"。针对日本政府应该采取何种应对举措，认为"应以强硬姿态对待中国"的日本民众占 56%，大大超过认为"应重视改善日中关系"的日本民众（37%）。钓鱼岛争端也影响到中日经贸关系的顺利发展，9 月份日本对华出口下降 14.1%，同月日本贸易赤字为 5586 亿日元，创历史最高纪录。其中出口额为 53598 亿日元，比上年同期减少 10.3%，对华汽车出口下降幅度较大，为 44.5%。

10 月 30 日，中国海监船编队在钓鱼岛领海内进行例行维权巡航，对进入其领海非法活动的日方船只进行监视取证，同时严正声明中国主权立场，并对日船实施驱离措施。其后中国渔政船、海监船持续在钓鱼岛领海内进行巡航，甚至中国海监飞机在钓鱼岛上空正常执法巡逻，迫使日本起飞多架战机拦截。日本内阁府 11 月 24 日公布的舆论调查显示，认为中日关系"良好"者仅为 4.8%，较上年下降 14%，认为中日关系"不好"者占 92.8%，较上年上升 16.5%，分别创下历史最低和最高纪录。

众议院解散以后，自民党总裁安倍晋三发布了一份带有浓厚保守色彩的竞选纲领，尤其是在安全保障领域提出要修改宪法将自卫队提升为"国防军"，扩充自卫队及海上保安厅的人员预算，制定有关领海警备的相关法律。在钓鱼岛问题上，纲领还特别提出，"将强化对钓鱼岛的实际控制和稳定管理，调整日本政府对于钓鱼岛的政策，并将讨论在该岛上常驻公务人员，改善周边渔业环境等"。安倍在东京发表演讲时还就领土问题表示担忧，称"必须面对新的挑战"。在自民党提出的最终版"政权公约"中，提出要重新评估钓鱼岛政策，强化实效支配，将研究采取在钓鱼岛常驻公务员、整备周边渔业环境等措施，对钓鱼岛及其周边海域进行安定有效的管理。大选结束后，安倍记者会上就钓鱼岛问题表示："日本在国际法上拥有尖阁诸岛，进行着有效控制。没有谈判余地。"但是，安倍同时也表示重视中日关系，大选期间曾以"政治公约"为题投稿日本《文艺春秋》杂志，主张日本必须要加快与日中韩三国自贸区和日本与东南亚国家实现经济合作的计划，让长期低迷徘徊的日本经济，尽快地融入亚洲高速发展的快车道上来。只有这样日本经济才会有触底翻身的机会。大选后在接受 NHK 采访时再次指出："中国对于日本经济的发展及增长不可或缺。希望尽可能早地改善日中两国关系。"

从安倍内阁的人事安排来看中日关系并非乐观，例如第一次安倍内阁及福田内阁中担任冲绳北方担当大臣的岸田文雄任外务大臣，谋求解决美军普天间机场搬迁问题和日俄领土争议问题；前外务副大臣小野寺五典任防卫大臣，其在领土问题上的态度十分强硬。由此可以看出，安倍政权的首要任务是恢复经济，同时强化日美同盟，在此基础上获得 2013 年参议院选举的胜利，稳定其政权，其后开始实施其"普通国家"的政治抱负。尽管在这一时期中日关系或许有一个缓和的时间及机会，但需要两国政治家的高度智慧和努力。

2012 年两岸关系
"一中框架" 承前启后　深化互信普及共识

◎　薛福康　徐　青

2012 年，两岸关系保持了发展势头。国共两党达成"一中框架"共识，"九二共识"在岛内逐步社会化，谢长廷以其深厚的民进党背景和资历登陆，为民进党调整"中国政策"营造了氛围。经贸合作机制化取得新进展，产业合作初见成效，平潭综合试验区这一新的两岸合作模式快速发展。文化交流亮点频现。基层交流持续升温，台湾民意已成为敦促当地政府走向和平发展的推动力。

未来马英九受内政不稳、民进党政策及美国"重返亚太"战略牵制，其政策目标将锁定在事务性议程上，但也不排除在施政顺手时在两岸关系上有更多作为。民进党在"中国政策"上难有大的突破，但党内及其支持民众对大陆的心态、氛围会有更大转变。

2012 年，两岸关系进入巩固深化新阶段，两岸民众分享到了更多的和平红利，也对两岸关系克服障碍继续前进抱持更高的期待。当前，两岸关系向前发展的新高度是在"一中框架"共识基础上，尽早启动两岸和平协议的商谈，朝着"国家尚未统一的特殊情况下，对两岸政治关系做出合情合理安排"的目标迈出关键的一步。

一、以"一中框架"共识为新的政治推动力，保持两岸关系发展势头

1. 提出未来4年的对台政策目标

2012 年 1 月台湾最高领导人选举，马英九获胜连任，为两岸关系和平发展提供了新的机遇期。2012 年 3 ~ 5 月，政协主席贾庆林、国台办主任王毅在不同场合就未来 4 年的对台工作目标和政策进行阐述，指出，"当前两岸关系和平发展正由开创期进入巩固深化的新阶段"，这一新阶段的工作将主攻 4 大方向。①继续巩固和强化两岸关系和平发展的政治基础，其中"巩固互信"就是巩固反对"台独"，坚持"九二共识"的核心内涵；"深化互信"就是在认同两岸同属一中、维护一个中国框架这一原则问题上达成清晰的共同认知。②不断扩大和深化两岸各领域的交流合作，重点是力争 ECFA 各项后续商谈尽快达成协议；加快推进两岸金融、新型产业合作，鼓励双向投资，保障台商权益、发挥平潭试验区在两岸交流合作中先行先试的作用。③继续大力开展两岸各界交流，特别是深化文教领域的交流，更加重视交流的规范化和机制化，更加重视实效和成果。④坚持以人为

本、为民谋利的宗旨，更加重视与基层民众的接触与互动，巩固民意基础，使两岸关系发展获得源源不断的内在动力。这些阐述为全年及今后一个时期两岸关系的发展明确了努力方向。

2. "胡吴会"达成"一中框架"共识，两岸政治互信深化

国共两党高层就"一中框架"达成共识。马英九连任后如何深化与大陆的政治互信、为两岸关系发展注入新的政治动力是广受关注的问题。2012 年 3 月，国民党荣誉主席吴伯雄率团访问大陆，在与胡锦涛会晤时提出"两岸同属一个国家"和"一国两区"、"台湾人也是中国人"等理念，使"九二共识"的内涵进一步清晰，"一中"原则从之前的两党默契、隐身"各表"走向正面表述，消除了外界对马英九当局"九二共识"已"异化"的猜疑。"胡吴会"标志着国共两党就"一中框架"达成了共识。随后的博鳌论坛上李克强与吴敦义的会晤、11 月马英九给习近平的贺电都体现出两党和两岸执政高层政治互信的深化。

岛内"九二共识"逐渐社会化。在 2011 年台湾地区最高领导人选举的竞选活动中，"九二共识"是朝野政党的辩论焦点之一。马英九在竞选中着力宣传"九二共识"，明确表明反"台独"立场，使岛内民众对"和平发展"与"台独毁灭"两条道路对自身利益的影响有了更充分的比较。马英九当选连任反映了岛内主流民意对"九二共识"的认同，标志着"九二共识"在岛内正逐步社会化。年内，两岸政界、学界、青年及各社会团体接连举办了多场有关"'九二共识'二十周年"，两岸和平发展、和平协议、"一国两区"等专题的研讨会和系列讲座。"九二共

识"在岛内的社会化是两岸关系在"深水区"前进的政治推动力，意义重大。

部分民进党政治人物及其支持者正视"九二共识"，调整"中国政策"。民进党在两岸关系上始终受到 5 大因素制约，即选举利益、"台独基本教义派"、绿营民众、民进党政治人物的个人利益算计，以及反共心态和"台独"史观。其中选举利益是最为核心的因素。在民进党的历史上，其"中国政策"的所谓"务实转型"都是为选举获胜而展开，同样，其固守"台独"立场也有保住基本盘选票不流失的考虑。岛内约 40% 长期受民进党"台独"路线影响的民众对两岸关系的日益拉近存在恐惧甚至反对的情绪，这一"民意"反过来制约了民进党"中国政策"的调整，是两岸关系发展的一个消极因素。民进党不摆脱这些因素的制约就难以迈出根本性转变的一步，也就赢不了选举，党内高层人物的个人政治前途也无从谈起。大陆若不能化解这部分民众的疑虑、恐惧，乃至仇恨，就难以开辟更广阔、更深入的两岸关系新局。民进党经过 2008、2012 两次大选失败，党内要求检讨"中国政策"的呼声高涨。2012 年 10 月，谢长廷以其深厚的民进党背景和资历登陆祭祖。大陆有关方面给予相应的礼遇。谢长廷在与我涉台高层官员会面时提出在岛内寻求"宪法重叠共识"、在两岸寻求"宪法各表"以取代"九二共识"的主张，虽与我原则立场仍存根本分歧，但为民进党的政策调整找了台阶，为民进党人士摆脱"卖台"、"亲中"的抹黑抹红，为其展开与大陆的交流合作营造了氛围，也向绿营民众提供了正面信息。2012 年 10 月民调显示，民进党支持者中，63.2% 的人认为谢长廷登陆有助两岸政治交流与和平发展，72.9% 赞成民、共两党搁置争议，共同推动两岸关系和平发展①。

3. 促国民党超越政治争议与我结成民族利益共同体

面对东海南海主权争议，促两岸建构以民族利益为核心的合作新模式。2011 年，南海、东海主权争议升温；2012 年，日本又变本加厉制造挑衅事件，激化钓鱼岛主权纷争，两岸民间保钓气氛浓厚，要求两岸官方合作保钓的呼声空前强烈。面对马英九当局囿于两岸政治分歧及美、日等国压力，一再明确表示不与大陆联手保卫领土主权，我一方面提出两岸以各自的方式共同保卫领土主权，一方面也呼吁马英九当局站在民族利益的高度，"超越分歧，齐心合力，一致对外"，共同维护主权，维护台海地区的和平发展。此次南海、东海主权纷争客观上提供了拉近两岸民族情感、建构以民族利益为核心的新的合作模式的实践机会。

重温国共共同抗击日本侵略的历史，找回共同的民族尊严与荣誉。有共同的历史记忆就会有共同语言和沟通的切入点。在国共两党历史恩怨未除，两岸同胞彼此隔阂未解的情况下，唤醒两岸共同的历史记忆，加强历史研究方面的交流合作格外重要。2012 年 9 月，吴伯雄特别赠送日本战败投降书复印本给刘公岛甲午战争纪念馆永久保存；4 月，北京举行"纪念中国远征军入缅作战 70 周年座谈会"；参加"首届滇台经贸文化交流合作研

---

① 《民调看谢长廷登陆 肯定有助政治交流》，台湾《联合报》2012 年 10 月 8 日。

讨会"的两岸官员学者共同缅怀中国远征军的抗日历史。这几场活动客观真实地还原历史，昭示两岸共同的历史命运及传承，批判"台独"史观，对唤醒、拉近两岸民族情感具有积极意义。

4. 党的十八大从民族复兴角度提出推进祖国统一进程的总体战略论述

2012 年 11 月，中共召开第十八次全国代表大会，产生了新的中央领导集体。今后大陆将以怎样的路线、方针、政策、策略推进祖国统一进程，成为两岸人民关注的焦点。十八大报告就两岸关系提出了总体战略论述，为未来两岸关系发展指明了方向。一是论述了民族复兴、祖国统一与两岸关系和平发展之间的关系。报告指出，全体中华儿女"在同心实现民族伟大复兴进程中完成祖国统一大业"，"实现和平统一首先要确保两岸关系和平发展"。这就指明了和平发展是民族复兴的重要组成部分，是和平统一的必经阶段。二是指出两岸关系和平发展必须恪守反对"台独"、坚持"九二共识"的共同立场，增进维护一中框架的共同认知。三是指出未来对台工作步骤及目标，即"持续推进两岸交流合作"，包括"扩大文化交流"、"密切人民往来"，"促进平等协商"；在此基础上，"探讨国家尚未统一特殊情况下的两岸政治关系，做出合情合理的安排"；商谈建立两岸军事互信机制、两岸和平协议等。

二、推动各项交流合作，挖掘两岸关系和平发展的经济文化动力

2012 年对台交流合作以加强两岸经济方面的交流合作为优先重点，同时继续巩固深化两岸文化、社会等各领域交流合作，以实实在在的和平发展红利促进最广泛的统一战线，为两岸关系发展不断提供新动力。

1. 经贸合作取得新进展

①站在民族复兴高度，促两岸"经济和谐，共同提升"。2012 年 4 月，大陆有关部门在两岸经济合作委员会第三次例会中，引导两岸首次就各自宏观经济政策进行了交流，以探索两岸经济合作的平衡与可持续之道，促进两岸经济和谐，让两岸经济发展都能有所提升。这是对两岸经济合作内涵的深化，是"经合会"不同以往的新尝试。

②经贸合作机制化取得新进展。2012 年 8 月举行的第 8 次"陈江会谈"签订了两岸"投资及保障协议"、"海峡两岸海关合作协议"，将使 ECFA 的执行更加顺畅。服务贸易协议、争端解决机制也收官在即，货物贸易协商则纳入 2013 年议程。据台"陆委会"统计，两岸签订 ECFA 后，自 2011 年 1 月 1 日至 2012 年 7 月底止，台湾产品出口大陆已节省约 4.08 亿美元的关税，

2012 年元旦开始，已经有 94% 的早收清单项目出口大陆享零关税①。此外，还签署了两岸货币清算协定，推动两岸金融合作。4 月，两岸经贸社团互设办事机构启动，台中市海峡两岸经济发展协会厦门市代表处、台"外贸协会"的"台贸中心上海代表处"于 11、12 月先后正式挂牌成立。大陆中国机电进出口商会派驻台北代表处的首席代表李荣民也于 12 月率团赴台展开先期工作。12 月 11 日，第 4 次"经合会"例会在广州召开，两岸经济合作进一步深化发展。

③产业合作初见成效，并有所突破。2012 年 11 月在台湾新竹举办了第二届两岸产业合作论坛，除了就产业合作模式、扩大合作项目及合作城市进行探讨外，也开始就区域合作进行探索。此外，4 月召开的两岸首届环保高峰论坛今后将成为机制化交流平台，强化两岸环保产业合作，推动签署两岸环保合作协议。科技产业在科技部与台湾方面沟通下提出三大合作方向，并建立常规联系窗口。4 年多来两岸渔业部门已举行过 8 次高层会晤，达成了渔业合作纳入两岸两会商谈议题的共识。

④继续推动平潭综合试验区试行两岸合作新模式。2010 年启动的平潭综合试验区以两岸"共同规划、共同开发、共同经营、共同管理、共同受益"为特点，以高新技术产业、现代服务业、海洋产业、旅游业为重点产业项目，合作建设两岸"机制先进、政策开放、文化包容、经济多元的现代化、国际化的共同家园"。该试验区突破了单一的经贸局限，尝试两岸民众在产

---

① 《"陆委会"：陆客为台湾带来 2 千亿元收益》，中国评论新闻网 2012 年 10 月 14 日。

业利益的结合中，进行文化、管理等各自优势的融合，为建设两岸民众的共同家园提供范式。3 年来平潭区快速发展，已基本具备建设两岸共同家园的条件，两岸合作机制取得初步成效。台资企业从 6 家增至 61 家；2011 年台中至平潭直航线路运送两岸人数突破 10 万人，2012 年 11 月台北直飞平潭的航线也启动试行，将于 2013 年初正式通航。新竹县也在积极谋划至平潭的直飞航线；岛内赴平潭游客逐年翻番。

2. 文教交流进一步拓宽、深化

①两岸官员再次沟通规划文化协议。为增进两岸文化融合和认同，共同振兴中华文化，增强中华文化的国际影响力，继 2010 年文化部长蔡武访台就文化协议与台"文建会"主委盛治仁沟通意见之后，2012 年 5 月国台办副主任叶克冬拜会台前"行政院长"、现中华文化总会长刘兆玄，就两岸文化协议的方式、项目内容和范围等再次进行沟通和规划。双方在建立平台整合意见，从较为单纯的出版、媒体、文物交流等领域着手，分门别类启动商谈等问题上达成了共识。

②两岸文化创意产业机制化露出曙光。2012 年 7 ~ 9 月通过两岸两会文创团的互访及研讨，两岸文创产业达成多项共识，包括建立官方沟通平台克服合作障碍，考虑签署文创合作协议或将其纳入服务贸易协议中，以推动两岸文创产业发展，打响华人文创的国际品牌。

③文学、人才、艺术、新闻、宗教、慈善、历史、高校学术等各类交流持续热络。特别是 2012 年 3 月国共两党的党校干部

培训交流，延续了 2011 年 3 月开启的两岸高阶党校学术交流，对双方进一步了解彼此党的文化、政治文化与政治体制具有深远的影响，对消除岛内恐共拒共心态起到重要作用。此外，全年两岸文化交流中亮点频现。如：2012 年 2 月北京市长郭金龙访台举办"北京文化周"；4 月人权、法制乃至大陆民主化议题纳入台"爱与和平论坛"两岸对话范围；5 月两岸 35 位记者联合采访福建海西；6 月两岸合编的《两岸常用辞典》出版；10 月"莫言热"，大陆善款捐建的高雄火山桥启用，福建成立海峡两岸文化发展协同创新中心；11 月两岸首次共同在台纪念孙中山宋庆龄、国民党青年团举办两岸青年对话沙龙等。

3. 基层交流持续升温

①大陆有关部门继续实施对台惠民政策。重视中小企业、弱势产业以及基层民众的诉求，推动和平红利落在实处及公平分配，让台湾更多基层民众受益。近两年，国台办副主任郑立中亲自率团深入台湾，遍访岛内各个县市，深入了解岛内农、渔业及中小企业在两岸交流合作中遇到的问题，有针对性地加以解决。如，在听取对两岸农渔产品采购的意见后，进行采购模式的调整，为南台湾基层民众带来更多的利益。

②引导南部民众及民进党务实派融入两岸和平发展大潮。以民进党中生代政治明星赖清德主政的台南市为例，2012 年 3 月，由该市学界领头，集产业、社团、地方政治人物、基层里长等地方领袖共 34 人发起成立"两岸公共事务交流协会"，成为继"台南市海峡两岸经贸文化发展协会"、"台南市两岸交流

协会"之后，该市第三个与大陆交流的民间平台。6 月在厦门举办的海峡论坛，大陆有关方面邀请了台湾 4 个县市举办推介会，57 位台南市议员包括民进党籍议员全部受邀。台南市政府虽然顾虑重重，但在民意督促下，仍决定派出官方代表参加，推销台南特色美食及农特产业。在民进党创党元老陈菊主政的高雄市，多名民进党议员对郑立中走访南台湾听取农渔民意见表示"欢迎和感谢"①。陈菊也借高雄举办城市论坛之机，再次释放出赴大陆城市走访的讯息。虽然民进党中央没有进行民共两党交流讨论的意向，但台北市党部仍决定"自己办"，邀请关心两岸关系的大学生进行"中国政策"的"辩论示范赛"。台湾南部地区的民意已经成为敦促当地政府走向和平发展道路的一股推动力。

③继续推动岛内社会"两岸化"。所谓"岛内社会两岸化"就是让两岸关系和平发展成为影响岛内民众政治、经济、文化等各层面生活的重要正面因素。2012 年台湾最高领导人选举，两岸因素首次成为正面因素起到积极作用。大陆有关方面还继续通过基层交流活动，借助海峡论坛举办两岸乡镇交流对接、深化两岸区域及业界对口交流、开展两岸根脉相连、具有浓郁地方特色的民俗文化活动等，深化了两岸因素对岛内社会的积极影响。5月，由中华全国台湾同胞联谊会主办的"台胞社团论坛"在京举办第二届大会，500 名两岸嘉宾出席，聚焦台胞社团如何发挥两岸和平发展的促进作用，成为两岸民间交流的又一重要平台。

---

① 《高雄绿议员：盼大陆采购避免中间剥削》，中国评论新闻网 2012 年 2 月 16 日。

④人员往来更为频密。2012 年 4 月，经两岸协商，大陆批准第二波 10 城市赴台自由行，每日人数提高为 1000 人次。赴台自由行自 2011 年 6 月启动至 2012 年 8 月底止，已达 12.5 万人次。从 2008 年 7 月开放大陆人民赴台观光至 2012 年 8 月底止，大陆赴台旅游人次超过 428 万，为台带来约 2167 亿元（新台币）的收入[①]。

三、两岸关系未来走向

1. 马英九第二任期两岸关系政策目标锁定三大事务性议程

在马英九的第一任期内，两岸关系取得显著的突破和进展。他在第二任期内本可以有进一步的作为，为自己找到更高的历史定位。但从目前来看，马英九在推进两岸政治关系上畏缩不前。无论是 2012 年选前提出的两岸签署 "和平协议"，还是选后提出的 "两岸不武制度化"，都被搁置，对 "两岸同属一国" 的 "一中框架" 也止步于 "一个中华民国，两个地区" 概念，没有提出更为清晰的共同认知。从目前动向看，他基本上将第二任期内的两岸关系政策目标锁定在三大事务性议程上，即两岸深化交流、"两岸人民关系条例" 修订，以及两岸两会互设办事机构。

马英九在两岸关系上表现乏力主要有三方面的原因。其一，

---

① 《"陆委会"：陆客为台湾带来 2 千亿元收益》，中国评论新闻网 2012 年 10 月 14 日。

内政不稳，民调支持度低迷，使得其掌控政局、推进政策的能力削弱。加之国民党主席选举、2014 年选举各路人马已鸣枪起跑，民生政绩压力沉重，因此他有排除其他事务"干扰"的想法，两岸关系只要能维持现状稳定、做好补强的工作即可。何况在朝野对峙的严峻政治生态中，修法将是一场旷时持久的硬仗。因此，他认为能完成三大事务性议程已经可以在两岸关系上做出交代了。其二，虽有谢长廷登陆，但民进党仍未表现出大幅调整"中国政策"的迹象，因而未构成对国民党的足够压力。其三，美国重返亚洲，在中国周边四处"点火"，企图以遏制中国影响而重新确立自己在亚洲的领导地位。在这种情势下，马英九的两岸政策受到美国更多的牵制也是必然。

不过，也有迹象表明，如果马英九岛内施政顺手，不排除他在两岸关系上会有更多作为。这从马英九 9 月底调整"陆委会"人事、着手两岸两会互设办事机构的动作上可以一窥端倪。前"陆委会"主委、曾是台联党籍的赖幸媛在马英九的第一任期里尚可配合马英九的政策，但到了两岸关系发展的"深水期"，就难以精准贯彻马的理念和政策精神了。"陆委会主委"换人，揭示马英九有继续深化两岸政治关系的企图心。马英九当局的两岸两会互设办事机构是在"中华民国宪法"架构中落实两岸"主权互不承认"之下的"治权对等"，明确区分主权与治权，可作为两岸商谈政治关系的铺垫，也可看做是朝着签署和平协议方向迈出的实际一步。全盘修订过时的《两岸人民关系条例》可以为深化两岸交流合作，如陆生入台、陆资入岛、发展"两岸特色金融业务"等提供更大空间和法律保障。修订的依据将是两岸"治权对等"，这反过来又可促进"两岸治权对等"局面的机制化。

2. 民进党"台独"立场难以转变，但对大陆的心态、氛围会有进一步的转变

虽然历经两次大选失败，岛内社会也逐步"两岸化"，但民进党中央迟迟不检讨"中国政策"，使得党内务实派和希望更多分享和平红利的绿营民众产生焦虑感。在谢长廷登陆的刺激下，2012 年 11 月，民进党"中国政策委员会"终于成立，党主席苏贞昌亲自担任委员会召集人，似乎拉开了整合民进党"中国政策"的大幕。但是从民进党对 2012 年败选的检讨、对谢长廷登陆的争议，以及党主席苏贞昌的言论中，可以清晰地看到民进党"中国政策"的未来走向。

一是"台独"立场不会转变。民进党至今仍坚持反对"九二共识"，要求国民党"撤回""一国两区"提法并向台湾人民"道歉"；以"台湾是主权独立国家"回应中共十八大报告中提出的两岸签署和平协定；特别是民进党中央坚持不以"两岸事务委员会"取代"中国事务委员会"名称，苏贞昌还向"独派"团体表白，"民进党坚持的理想与基本立场不会改变"；而且，谢长廷在其《未来：不一样的台湾》新书中也表露出，他提出的"回归宪法"不过是工具性使用"宪法"，其基本立场不过是从"一边一国"转换到"两国"而已。这些动向都清晰表明民进党对"台独"立场的坚持。

二是民进党将在策略上作出某些调整。其一，与大陆展开沟

通对话，以减少双方误判。年初罗致中登陆参加两岸政策研讨会，10 月谢长廷登陆，以及 11 月民进党智库礼遇我经济学家吴敬琏访问等，都属意在此。其二，将开放民进党人士登陆，获取和平红利，以顺应民众的利益需求。

三是密切观察两岸交流的进展及"两岸化"对台湾民意走向、国民党政策立场变化的影响，以预谋对策、进行阻制。10 月以来，接连发生台"陆委会"反击大陆新版护照增添台湾景点，重新启动年初被"陆委会"封杀的"台北论坛"二轨对话，却不允许国台办官员在会上发言，乃至不允许"中国歌曲排行榜"颁奖典礼在岛内举行等一系列事件，都是在民进党极力阻挠、攻击下，马英九当局妥协退让的结果。

四是继续与美国沟通民进党"中国政策"，建立信任关系。2013 年民进党将在美国恢复驻美代表处，已内定前驻美代表吴肇燮为驻美代表。苏贞昌还要亲赴美国，借代表处挂牌之机展开访美行程。综合上述走向判断，2016 年前，即使民进党抛出新的"中国政策"论述，也难以有大的突破，政策主旨仍将是坚持"台独"立场和核心价值，政策上沟通对话，事务上交流合作，而民进党内及其支持民众对大陆的心态、氛围会有更大的转变。

3. 新形势下美国如何运用台湾这颗战略棋子值得密切关注

近年来，中美战略合作利益大于两国分歧、两岸关系和平发展符合中美各自的国家利益。从 2008 年马英九执政以来，美国一直正面评价两岸开展交流合作，美台关系对中美关系和两岸关系的干扰相对降低。但是，2011 年以来，美国重返亚洲步伐加快，牵制、干扰中国崛起的意图明显，特别是强化岛链军事威慑，使得台湾的地缘政治角色重新凸显。2013 年，美国加大了对台湾的经济拉拢，如给予台湾免签待遇，以台湾答应美牛进口为条件启动"贸易暨投资架构协定（TIFA）"的商谈，并以 TPP 诱惑台湾依靠美国平衡 ECFA，还支持台湾以观察员身份参加联合国下属机构国际民航组织等。马英九当局一直都以美国为对外关系中心，今后在一定程度上配合美国的战略需要，并以此控制两岸关系发展进度是完全可能的。

马英九当局未来 4 年的对美"外交"重点，首先是巩固发展与美国的经济合作。马英九称，"我们未来 8 年要努力的"就是，让"美牛问题"获得解决，以使台湾积极、有效地参与亚太经济整合，包括跟美方重启"贸易暨投资架构协定（TIFA）"协商，进而讨论有关双边投资协议（BIA）及双重课税（DTA）等问题，以及未来创造条件参加 TPP。对此，美国在台协会主席薄瑞光予以积极回应，表示"期盼能协助台湾进入新一步亚太区域经济整合架构"。其次是强化与美国的军事安全关系，军售是主要的观察指标。台湾当局拒绝与大陆联手保钓就是为了表明军事上与美日的盟友关系。第三是委派被认为是马英九"分身"的金溥聪任驻美代表，密切台美间的政治沟通。

2012 年，两岸关系也经历了"台北会谈：强化认同互信、深化和平发展研讨会"的流产、平潭综合试验区是否是"一国两制"的争议、钓鱼岛主权不联手等挫折，但马英九当局在制止民进党"立委"将"侨委会"名称"去中国化"、拒绝达赖访台等事情上坚持了"九二共识"、反对"台独"的原则立场。两岸虽然尚未能将"一中框架"推向更为清晰的共同认知，但已呼之欲出。马英九未来任期内的三大政策目标也有利于两岸关系的机制深化。中共十八大报告关于两岸关系的论述表明，未来大陆对台政策将更为前瞻、宏阔，策略更为务实、灵活，将继续高举民族复兴大旗，务实稳健推进两岸关系和平发展。

解析"缅甸之变"
兼谈对美缅、中缅关系的看法

◎ 李志强

以美国为首的西方反缅甸阵营对缅甸新政府的政治经济改革经历了"全盘否认、迷惑疑虑、投石问路和诱拉纳入"的四个阶段。期间美国高级官员直至奥巴马总统相继访缅，使缅由国际社会的"弃儿"变得炙手可热，缅甸初步打破了西方长达 20 年的制裁。但目前的改革并未触及前军政府的底线，且改革和发展举步维艰，不会一帆风顺。美一直视昂山素季为真正的盟友，这是美国和缅新政府无法修复的矛盾，缅美改善和深化关系的基础是脆弱的。我国应努力探索新形势下发展同缅甸关系的新思路、新方法、新模式。

作为我国对外关系中居于首要地位的"周边国家"、基础地位的"发展中国家"里的一员，缅甸这个多年与我友好密切的邻邦，最近一年多来的内外变化可谓"乱花渐欲迷人眼"。及早理清"缅甸之变"的表象和实质，较为准确地把握其变化脉络和趋势，对我当前更加主动地处理中缅关系乃至大国关系和周边关系将有所裨益。

一、正确解读和全面认识"缅甸之变"

缅甸新政府自 2011 年 3 月底执政以来，由总统登盛担纲，从颠覆性地改善和处理与反对派领袖昂山素季关系入手，大力推行政经改革、推进民主进程和推动民族和解，着力"去前军政府化"，向世人展现开明、全新的民选政府形象，以求对内稳定政权民心、对外平等融入国际社会。

世易时移，机缘巧合，不知不觉中，登盛及其新政府逐步获得了各方认可和支持，缅甸也已然由国际社会的"弃儿"变得炙手可热起来。仔细观察，其实缅甸的变化绝非按部就班中预设好的"华丽变身"。包括缅甸民众和国际社会，特别是缅甸国内反对派和以美国为首的西方反缅阵营，对登盛新政府及登盛本人的态度均经历了一波三折、逐步接纳的过程。明晰这一过程，有助于我们看清变化发展中的缅甸形势。

1. "缅甸之变"四阶段

笔者从西缅关系（或美缅关系）的角度把该过程划分为全盘否认、迷惑疑虑、投石问路和诱拉纳入等四大阶段。

①作为第一阶段的"全盘否认"，从 2010 年 11 月缅甸大选正式算起，到 2011 年 8 月登盛在首都内比都会见昂山素季为止。这期间的主要标志性事件如下。

一是 2010 年 11 月 7 日大选结束当天，正在印度访问的奥巴马总统当即发表不承认缅甸选举的声明。美方强硬地认为，把反对派领袖昂山素季及其领导下的缅甸全国民主联盟（以下简称"民盟"）排除在外的选举缺乏公平和公正，不是民主的选举，只是军政府操控和导演下的一场"军转民的换装秀"，不仅美方，所有的民主国家均应对此不予承认。美方并一如既往地继续质疑作为缅甸大选根基和法理依据的 2008 年新宪法及大选本身的合法性。这是美国政府对缅甸大选最初也是之前一贯的立场。在缅国内，以民盟成员为代表的部分民众和精英知识分子阶层立场也是如此。

二是 2010 年 11 月 13 日昂山素季被解除软禁和居住限制，获得会见外国使节和新闻界及在国内旅行等完全意义上的自由。对此，美英等国并未予以积极肯定，反而继续坚持以往敌视立场，揪住缅政府（此时新政府尚未产生）剥夺素季及民盟参选权而拖延至"事后才放人"不放，剑锋仍指向一周前大选的合法性。

三是选后缅政府及其主导下的选举委员会软化立场，一再退让延长各政党根据新的选举法和政党注册法重新进行注册的最后时限，促成因抵制大选而法理上已处解散和"非法"状态的民盟于 2011 年 1 月 5 日正式注册为合法政党，以参加 4 月 1 日的议会补选。对此，缅甸内外解读不一：说前领导人丹瑞大将与昂山素季私下谈判、交易、相互妥协的有之，说民盟内部意见分歧、争执不下的有之，说民盟注册等同变相承认大选及各项现行法律的有之，说美英正在游说昂山素季继续抗争的有之，等等，不一而足。

四是新总统——前军政府四号领导人兼总理登盛向昂山素季屡屡抛出"橄榄枝"示好，高调邀请后者赴新首都参加规划国家经济改革和发展的研讨会，并举行平等的正式友好会晤"共商国是"。2011 年 8 月 19 日在双方会晤的房间内，高高悬挂着素季父亲国父昂山将军画像，两人谈话后在媒体记者前摆拍时，昂山将军画像作为背景依稀可见。谙熟缅甸内情者都十分清楚，多年来军政府在大是大非和敏感问题上有精细谋划、严谨慎重、刻意安排的一贯传统。登盛与昂山素季在内比都的"第一次握手"，非比寻常，举世皆惊，正式把外界带入"迷惑疑虑"的第二阶段。

②从标志性的"第一次握手"起，美、英等西方敌对国家，以及东盟、印、俄等缅甸传统友好国家，才真正半信半疑地从完全不同的崭新视角重新观察判断缅政局走向了。"昔日夙敌化剑为犁，登盛素季和谐共舞"渐渐成为当时常驻缅甸几个主要国家高级外交官间的共识。当然，持保留意见的也有人在。

这前后新政府相继出台了取消新闻审查、解除对外国网站限制、允许成立工会和示威、规模特赦政治犯、与少数民族武装和谈等一系列大幅度政治改革举措。同时昂山素季也频繁出现在私营媒体头版报道中。缅国内大多数民众渐渐乐见和接受了本国政坛"登盛素季二人转"的奇特现象。

③终止"迷惑疑虑"转而进入"投石问路"的第三阶段，来得既迅速又有些偶然性。

登盛素季"第一次握手"仅仅 42 天之后，即 2011 年 9 月 30 日，顶住未来可能面临的种种压力和不良后果，权衡利弊，登盛总统突然以向国会"发表声明"的方式,宣布"根据人民意愿",单方面决定"本届政府任内"搁置中国公司正在施工建设中的中缅密松水电站项目。

尽管之前的三四个月里,缅内外媒体和"有心人士"围绕中国在湄公河上游修建大坝影响下游各国生态环境的老话题,以及应该停止密松等几个正在修建或拟建的梯级电站以保护缅甸母亲河伊洛瓦底江的新话题交互炒作,并渐渐成为放松监管初期缅私营媒体争相报道的热点话题,但登盛置合同信用和中方公司已投入的 10 亿美元于不顾,宣布终止自己曾亲自视察肯定过的这个中缅间最大水电站项目,还是让外界惊诧不已和浮想联翩。

后来有专家称此为"密松事件"。它牵扯缅北克钦反政府武装等一系列非常庞杂的问题,其中蕴含的美国因素是看得见摸得着的。

客观地讲,登盛也是兵行险招,患有心脏病且以温性无为著称多年的他不可能具备预卜吉凶的先觉能力。即使缅高层内部反对违背信义单方废止合同的也不在少数,然而,随后迅疾发展的态势证明,登盛做出的是一个给自己加分的冒险决策,标志性的该历史事件为他赢得了国内外媒体和民众空前广泛的支持,"为民请命"、"与民负责"的"民选总统"光环第一时间、一面倒地不绝于耳加载在登盛头上。

"密松事件"更像一根关键的稻草,把对缅甸变革将信将疑的美英等国的天平压向了认可的一面,他们原本满脑子疑虑的坚冰一下子开始全面消融。这是不是也有点出乎登盛本人的意料了呢!

④毕竟是疏远对立了 22 年之久的夙敌，从消除疑虑到亲近热乎起来还是需要一个过程的。但毫无疑问，"密松事件"犹如一支催化剂，使得形势原本迅疾变化发展的脚步和节奏更加快速。以美国政府为例，"密松事件"在相当程度上加快了美方对缅新政府 8 月中旬后启动的改革的评估进程。美方的反应动如脱兔，两个月后，即 2011 年 11 月 30 日至 12 月 2 日国务卿希拉里正式访缅，具短兵相接实质意义的"投石问路"阶段正式开始。

将希拉里访缅仍定义为"投石问路"，基于以下理由。

一是希拉里的访问虽是历史性的"破冰之旅"，但属于陪同首次参加东亚峰会的奥巴马总统的后续系列访问之一。

二是用奥巴马总统的话说，希拉里访缅的决定是 11 月 17 日奥巴马在空军一号上与昂山素季通话 20 分钟之后才做出的，换句话是由于美方对反对派领袖昂山素季的足够信任（而不是信任缅政府）才促成希拉里访缅的。

三是希拉里的到来首先是力挺昂山素季，以及对登盛搁置密松水电站这一表现的"奖赏"，其次才是对登盛新政府变革的一定程度的认可。

四是希拉里的初次缅甸之行，咄咄逼人展现着一贯的美式强硬，"一晤"国家元首登盛却"二会"反对派领袖素季，始终站在"民主和人权"的道德制高点上，居高临下而不是平等对待缅方。先是赤裸裸公开声称在解除制裁问题上要"行动对行动"，再以是否参加缅 2014 东盟轮值主席国承办的系列会议和解除制裁为要挟，逐步放松手中的绳套，强行干预缅改革方向。

五是象征意义大于实质，为美国自己"重返东南亚"全局战略目标服务印记绰绰有余，而为个体的缅甸国民利益考虑重视不足，更重在首次接触中树立先发制人的声势。

当然，对低姿态隐忍的登盛政府来说，收获绝不能说小。美国国务卿前来的本身，就标志着美缅关系实质意义上的缓和，就具有示范效应，就预示着西方长期封锁的被动局面已然打破，更预示着"军转民"的2010年大选最终完美"软着陆"。可谓美缅各得其所。

随后西方政要走马灯似的访问缅甸。2012年7月11日，美任命米德伟为1988年以来首位美国驻缅大使。9月昂山素季、登盛先后访美，美副国务卿、副财长也相继访缅。

⑤时隔一年，2012年11月19日奥巴马总统首次访缅，表明"诱拉纳入"的第四阶段正式来临，尽管这一过程注定不会顺利平坦。

奥巴马行前出版的美国《外交政策》杂志透露，昂山素季起初并不赞成奥巴马11月访缅，理由是时机还不够成熟，难以取得推动缅甸民主改革进程的切实成果。而且昂山素季的担忧还包括奥巴马对缅甸首都内比都的访问。

奥巴马赢得连任，亚洲仍是其外交政策的重点，落实亚太"再平衡"战略的紧迫是完全可以湮没素季的一切忧虑的。美国重视昂山素季，更重视美国的自身战略利益。奥巴马要向外界表明，在缅甸不是只打素季一张牌，他着眼的是整个缅甸。所以奥巴马坚持要来。

当然，在国务卿希拉里的陪同下，奥巴马仅在第一大城市仰光对缅甸作了 6 小时的访问。

与登盛一小时的会晤中，奥巴马表明美方希望缅甸继续推进政治和经济改革。他稍后对新闻界表示，登盛总统推进的改革能为缅甸带来惊人的发展机遇，不过"这只是漫长旅程的第一步"。

接着奥巴马会见了人民院议长兼执政党代主席瑞曼，并前往昂山素季寓所与其进行了会面，对素季的礼遇昭然若揭。

随行官员"透露"，奥巴马考虑恢复对缅援助项目；美方有望 2012 和 2013 财政年度给予缅方 1.7 亿美元援助。不过，美方强调援助力度"会视缅甸政府推行政治改革、全国和解的进展而定"。很明显，说到底，美国真金白银的兑现还是要看缅方的表现，而对缅长达 20 多年制裁包括武器禁运等的全面解除，也只会有所保留地一步一步放松。美方对登盛政府的这种听其言、查其行的"诱拉纳入"将持续到 2015 年缅甸下一次大选前后。

2. "缅甸之变"的根源

客观地讲，"缅甸之变"应缘起于前军政府后期的最高层内部。仔细梳理可以看出，登盛新政府所进行的改革，没有背弃前军政府"七点民主路线图"的既定做法，其实是一脉相承下来的。新政府到目前所进行的改革都没有触及前军政府的底线。比如，在宪法框架内推进民主进程，就是前者制定的套路。

外有列强虎视眈眈，内有民怨沸腾不息。洞悉大势的前军政府主要领导人丹瑞大将，认识到了缅国内日益积聚的民心思变暗潮。作为登盛原来在军中的上级和 20 余年来缅军的总掌门人，丹瑞大将审时度势，终于在 2010 年末裸退幕后，放手支持"民选总统"登盛"去军政府化"；支持登盛从昂山素季这个最敏感、最棘手、最根本，但又最核心的问题入手，使用截然不同的方法谋求朝野和解共赢，消减相互间的宿怨；并且在几次关键时刻始终支持登盛，为"缅甸之变"得以平稳进行提供了强有力保障。

缅甸曾是一个有民主传统的国家。1948 年建国到 1962 年奈温军政府执政之间一直实行着议会民主制。民主对老一辈缅甸人来说，不是新生事物。重回多党议会民主制轨道是缅甸社会的主流民意，催生着应时而生的"缅甸之变"在宽广的领域中迅速成长。

应该看到，旧政府积习短时难以消除，登盛政府正在进行中的改革和发展的步伐举步维艰，改革成效并不明显。议会中的派系色彩也在上升，议会与政府间的矛盾时有抬头。比如，对外开放、发展经济中最基本的《外国投资新法案》竟然屡屡难产，直到 2012 年 11 月 1 日才在议会通过。从各方面讲，"缅甸之变"都不会一帆风顺。

3. "缅甸之变"的未来发展

"缅甸之变"未来最大看点是 2015 年大选的总统之争。

2012 年 4 月 1 日昂山素季正式当选下院人民院议员，在总共 45 个议席的议会补选中，素季率领的民盟参选 44 席并赢得 43 席；执政的巩发党仅赢得一席。素季的声望可见一斑。

作为国父和缅军缔造者昂山将军的女儿，素季是目前缅国内老百姓心目中唯一的偶像，她还是 1995 年诺贝尔和平奖得主，深受西方国家政府和各国民众青睐。但素季参加 2015 年总统大选的道路并不平坦。她的竞争对手理论上只有一个，就是兼任执政党巩发党代理主席的人民院议长瑞曼（前军政府 3 号人物、前三军总长），但有分析认为登盛总统作为中间派第三势力独立参选的可能不应完全排除。

影响大选的就是上述三人，目前还找不出第四人。同属执政党的登盛、瑞曼是精诚合作还是分道扬镳，决定着巩发党的未来命运。

人气明显高出一筹的素季的最大敌人和障碍实际上就是她自己。现行的 2008 年宪法规定，本人或亲属拥有外国籍，将取消被选举资格。日前仰光行政长官就因儿子是澳大利亚籍放弃了入选副总统的资格，眼睁睁看着临时辞职的副总统之职由他人取代。素季的儿子及亡夫皆为英国人是家喻户晓的事实。

若要参选，昂山素季只有在议会推动修宪。民盟的国会议员在上下两院当中所占比例不足 7%。按正常程序推动修宪，其门槛对素季来说是实难逾越的。退一步讲，即使扫除了竞选障碍，素季"一人的战斗"赢面大，其政党民盟要在议会选举中胜出也还需要很长的路要走。届时她无疑会是个弱势总统。

另外，若修宪未果，把昂山素季排除在外，美英等西方国家和缅民众绝难应允，势必造成缅甸政局的混乱。2015 年大选前的宪法之争不可避免地将成为各类纷争的揭幕战。

二、当前缅美关系的实质

登盛政府把力争打破美国等西方制裁、拓展外交空间作为重要的施政和外交目标，作为推进民主进程、实现民族和解、发展国家经济和改善民生的必要条件；反过来，对此看得透彻的美方将之作为对缅方的最大制约。

缅甸正在初步打破美方对缅长达20多年的制裁。有所保留地放宽和逐步解除对缅制裁是美对缅2011年以来不断改革变化所作出的正面回应。

显而易见，虽然获得了暂时的实惠和收获，已经无法或不愿走与美对抗回头路的登盛政府处在被动的下风，未来可操作的空间和回旋的余地确实不大。

缅美这种不平等性和矛盾性，注定双方各打算盘，两者进一步改善和深化关系的基础是临时性的，是脆弱的。登盛在仰光会见奥巴马时曾开宗明义地表明，缅甸愿意在相互尊重、理解和合作的基础上，进一步加强与美国的双边关系。对此缅方看来原则性的问题，奥巴马不予回应。

此外，美方一直视反对派领袖昂山素季为真正盟友，各西方国家萧规曹随也争相以元首礼遇素季，不时刺激讽刺着登盛政府，是横亘在美缅两政府间又一个无法修复的矛盾。

所以，奥巴马政府与登盛政府之间无真正蜜月可言，美国把缅甸"诱拉纳入"到己方阵营或体系的过程对美缅双方都将是漫长而痛苦的。

三、关于中缅关系

缅甸独立自决的民族性决定了登盛政府和以往历届政府一样对纵横捭阖、起舞于大国之间、为缅甸谋取利益最大化有着强烈的向往，此次"缅甸之变"正是如此。但登盛等人既不愿意向美国认输服软，更不愿与虎谋皮和"美国狼"长期共舞，只是为了争取在国际舞台上平等的国家地位、发展机会、安全感和政权稳定的承诺及保障。缅甸政府认为这些由于中国政府背负"不干涉内政"的道德十字架而不能给予。

中缅是近邻并有着长期的友好关系，无论是台上的登盛还是昂山素季，都愿意坚持与华长期睦邻友好、和平共处。缅甸发展需要来自中国的援助、投资和市场。缅甸是我国的区域邻国，不涉及内陆及海上争端，缅国内有被美扶持和时刻觊觎政权的反对派，执政风险一直存在。同时我们还应注意到，缅甸对殖民宗主国英国的特殊感情，缅甸从上到下、从政府到民间，更认同西方的民主和发展模式。缅甸老百姓羡慕中国的快速发展，但对中国缺乏全面了解，民间对中方利用缅甸资源仍有疑虑等。对此，特别是在"缅甸之变"之后，我应努力探索新形势下符合中国当前自身实力的两国关系的新思路、新方法、新模式。

普京2012：办好四件大事

◎ 盛世良

2012年，普京再次担任俄罗斯总统后，着力做好四件大事。一是针对俄罗斯政治生态的变化调整政策，出台新措施，推进政治改革，维护政权和社会稳定。二是加快发展经济，改变经济结构，重视航空航天和医疗制药等高技术产业，改善经营环境，大力培养和吸引人才并提出开发远东重大战略决策。三是加强国防建设，特别是加强海空军现代化建设，在军事技术领域夺回主导地位。四是调整外交，依托欧亚，面向亚太，把独联体作为外交关键，把建立以俄罗斯为核心的欧亚联盟作为最终目标，把保持良好对华关系看作营造有利外部环境的一个关键因素。

2012年，俄罗斯发生了两件影响深远的大事。一是普京再任总统，二是下决心大力开发远东。

重返克里姆林宫后，普京着力做好四件大事：宽猛并济掌控政局，加强创新提振经济，质量并重加强国防，依托欧亚、面向亚太、调整外交。

宽猛并济掌控政局

与普京离开克里姆林宫的 2008 年相比，俄罗斯的政治生态发生了重大变化。

一是中产阶级壮大。在普京总统第一任期，"中产阶级"占本国人口的比重不到 10%，现在翻了一番还不止。这些人多生活在大中城市，受教育程度高，收入高，上网和参政议政的积极性高，对本国政坛官僚作风、贪污腐败、集权过多表示不满，要求实施政治改革。

二是反对派实力上升，社会影响扩大。俄共等反对党已进入议会，成为"体制内"反对派，对当局不构成威胁。新近崛起的"体制外"反对派气势汹汹，全盘否定普京方针，背后有西方撑腰，动辄策动万人集会反对当局。

三是普京支持率下降。大选前夕的民调表明，虽然 80% 的人认为普京必定当选，但愿意投他一票的人勉强过半，信任普京的人仅 1/4。不少人公开表示，普京第三次出任总统虽未违宪，但不合情理。一年多前普京的支持率曾达 80%，而 11 月份的民调显示，其支持率降到 63%。前几年普京的"粉丝"高唱《嫁人要嫁普京这样的人》，2012 年夏，女子朋克乐队"造反猫咪"在莫斯科教堂里大喊："圣母，你把普京赶走吧！"

普京在维持"强总统、弱议会、小政府"格局的前提下，调整政策，适应新局面。

一是以立法预防动荡。俄罗斯议会修订了《集会法》，防止并加强惩治游行集会中的极端主义、削弱国家统一的行为。议会通过《外国代理人法》，严控受境外资助、搞政治活动的非政府组织，还通过了《网络黑名单法》，关闭传播儿童色情、诱导吸毒和自残的网站。俄罗斯刑法典恢复"毁谤罪"条款，严惩传播虚假信息、造谣毁谤。

二是推进政治改革。普京切实简化政党注册手续，登记政党的起码人数由 4 万名大幅度降到 500 名，同时加强审查，禁止以地区或民族为原则成立政党，以防滋长分裂主义。他恢复了地方行政长官直选制度，但候选人需经总统筛选，总统保留罢免地方行政长官的权力。普京大胆选用新人，对政府实施"大换血"。

三是从打击高层腐败着手，大力反腐。普京责成有关部门彻查电力、铁路、航运和银行等国企管理层与离岸公司的利益瓜葛，制止将国家资产转移到国外谋私利的行为。议会拟出台禁止官员拥有海外资产的法案、监督官员开支的法案，把装警灯的"特权车"数量减少了近一半。10 月 25 日，俄罗斯爆出国防服务公司 30 亿卢布（31 卢布合 1 美元）贪腐案。当天早上，执法人员搜查该公司 34 岁美女老板（曾任国防部长助理）的住处，居然撞见国防部长谢尔久科夫……普京迅速撤换国防部长，下令对非法倒卖军方资产的丑闻启动刑事调查，下令查办俄航天公司 65 亿卢布的资金失踪案、亚太经合组织峰会筹办费 9300 万卢布"消失"案。

四是笼络体制内反对派。"政权党"统一俄罗斯党在新一届国家杜马 450 个议席中拥有 238 席，依然稳稳控制议会。进入新议会的三大反对党席位比上届增加，同声反对亲西方自由派"重新选举"的无理要求，呼吁警惕亲西方自由派制造"颜色革命"的险恶用心。

对付"颜色革命"，俄罗斯已有经验。"颜色革命"的"程序"为：和平抗议—围攻政权机关—当局镇压—反对派和西方宣布政权失去合法性—合法政权下台，"革命"成功。

俄罗斯严守两条底线。

一是不让和平抗议发展为围攻政权机关。当局于 2012 年 1 月 4 日发布总统令，把克里姆林宫和红场旁传统的狂欢和集会地点瓦西里斜坡列为"莫斯科克里姆林宫博物馆保护区"，非经总统批准不得在此举办群众活动，申请要提前 3 个月呈递；坚决制止在公共场合举行的未经批准的集会；对已经批准的集会，如有制止的必要，就在集会地点临时安排路政施工等干扰措施，让集会组织者改地点并重新申请；动用强大警力，通过限定人数、地点、时间，引导并控制集会；控制反对派头面人物；示意亲政府社会团体组织反集会，声援当局。

二是拒不承认体制外反对派头面人物为"民意代表"，拒不承认他们跟当局"平等协商"的权利。

俄罗斯体制外反对派无法对普京形成威胁。

一是在人口中的占比微不足道。俄罗斯媒体的调查表明，近年来先后参加过在莫斯科举行的反政府示威的人数共约 30 万，占莫斯科人口 3% 以下。10 月份，反对派通过网络选出 45 名"协调委员会"委员，参加网络投票的有 40 万人，仅占网民总数 1% 弱。

二是亲西方自由派不得人心，在选民中的比重不到 10%。

三是民众关心的不是政治，而是生活。全俄舆情调查中心 2011 年 10 月和 2012 年 10 月的民调结果几乎相同：居民最关心的是住房公用事业收费上涨（56%～57%），其次为生活水平低（50%～53%），而列在第十位，即最末位的才是民主和人权，仅有 9%～10% 的人予以关心。

四是即使俄罗斯的"不妥协反对派"，也反对以暴力或"革命"的方式改变政权。

加强创新，开发远东，提振经济

对普京来说，棘手的不是政治问题，而是经济。

如果作纵向比较，俄罗斯经济形势大好。2009 年金融危机前，俄罗斯经济一连十年增长，年均增长率达 6.9%。2011 年俄罗斯 GDP 合 18556 亿美元，人均 1.3 万美元，几乎比 1999 年翻一番，预计 2012 年 GDP 比 2002 年翻一番。三次产业比重分别为 4%、34% 和 62%，接近发达国家。苏联时期年年进口粮食，现在正常年景一年可出口粮食 2000 万吨。20 世纪 90 年代举外债度日，现在黄金外汇储备超过 5000 亿美元，居世界第三。

如果作横向比较，经济状况并不好。1978 年，苏联的俄罗斯地区 GDP 是中国的 2.5 倍；1993 年，俄罗斯 GDP 与中国持平；2009 年跟中国成 1 与 3.5 之比；2011 年以购买力平价计，为 1：4.7。国际货币基金组织 2012 年 2 月预测，2016 年按购买力平价计，俄中 GDP 之比将为 1∶5.99。再看人均 GDP，1992年俄罗斯为 3000 美元，中国为 432 美元，中俄差距超过 7 倍；2011 年，俄罗斯为 1.3 万美元，中国为 5400 美元，中俄差距缩小到 2.4 倍。

但是，更严重的问题是经济质量。

一是经济结构落后，严重依赖原料出口，GDP 的 1/4 以上来自燃料、原料和初级产品的出口收入，油气占出口额 72%，机电设备仅占出口额的 4.7%。2011 年，俄罗斯因国际市场油气价格上涨而增收 900 亿美元，相当于 GDP 的 5%，当年经济增长率为 4.2%，这就是说，油气如不涨价，2011 年俄罗斯 GDP 本应负增长 0.8%。

二是技术落后，高技术产品仅占出口总额的 0.3%，在 2012年全球创新指数排名中占第 51 位（中国第 34 位）。俄罗斯在全球分工中处于低端，不得不购买本国无法制造的昂贵的先进材料和高新产品。

普京 2011 年底公布新经济纲领，目标是使 GDP 年增长率达到 6%~7%，5 年内进入世界经济五强，名列美、中、日和印度之后。他着眼长远，提出加强创新经济，完成"再工业化"和开发远东两大对策。

2012 年 10 月 25 日，在笔者有幸出席的普京招待世界"俄国通"的宴会上，西方学者不顾情面地指出，俄罗斯未能形成现代政治和经济机制，现有经济模式潜力耗尽：油价虽高，但不足以大幅增加外汇收入；内需虽旺，但不足以推动高速增长。

普京乐观地说，俄罗斯运气好，油气资源丰富。经济多样化已有成果。油气在财政收入中的比重虽高达一半，但在 GDP 中的比重逐渐下降。

他罗列了加强创新、改变经济结构的措施。

一是加快发展非能源部门，特别是航空航天和医疗制药部门，为高技术企业提供优惠税率。

二是利用土地多、土质好的优势，发展农业。

三是利用领土东西跨度大的优势，发展洲际运输；利用气候转暖，开发北方航路，与经苏伊士运河的航道竞争。

四是改善经营环境，吸引外资，回流本国资金。在世界 180 余国经营环境排行榜上，俄 2012 年是 112 位，以后要进入前 20 名。

五是劳动生产率提高一倍，高技术工作岗位增加 2500 万个。

六是吸引世界级专家，待遇是月薪 15 万卢布，无偿提供住房和实验室，条件是一年内起码 5 个月在俄罗斯工作。

七是吸引青年参与科技创新，为高校的小型创新企业提供租用实验室和仪器的优惠。

八是加大对教育的投入。根据议会下院 2012 年 10 月底一读通过的 2013～2015 年预算草案，2015 年前的教育拨款将共达 8 万亿卢布，略超过军费；2016～2020 年，将超过 20 万亿卢布。

俄罗斯的目标是，到 2020 年，高技术和知识型产品在 GDP 中的比重提高一半，高技术产品出口增长一倍；创新型企业比重从现在的 10.5% 提高到 25%，达到欧洲中等水平；劳动者平均月薪增长 60%～70%，达到 4 万卢布（31 卢布合 1 美元）。

开发远东是普京 2012 年作出的又一重大战略决策。普京看重欣欣向荣的亚太地区，把远东看作本国经济的新增长点，看作本国欧洲地区同亚太之间的桥梁，重视中国对西伯利亚和远东地区的经济意义。他确定了远东发展重点：出口粮食、反对贸易保护主义、建设海关同盟、建设"东方"航天发射场、欧亚一体化、出口能源。跟中国合作的重点之一是重型直升机和远程宽体客机。

联邦政府成立远东发展公司和远东发展部。远东发展公司负责港口、道路、通信、机场和地方航线的建设，以及自然资源的开发。远东发展部的任务是在国家领导一级解决地区的重要问题，协调和监督联邦、部门和地区三级此前各自为政的远东发展纲要的实施，管理远东的国家企业、国有股份和国有土地。

政府确定了三步走的实施方案。根据《2025 年前远东社会经济发展战略》，2015 年前，重点是加快投资，增加就业，提高劳动生产率，推广节能技术，发展基础设施，兴建工农业项目；2020 年前，新建大型能源项目，建立运输枢纽，完善物流网络；2025 年前，发展创新经济。

议会制订的《西伯利亚和远东发展法》规定，成立非商业性机构，负责基本建设；民间和国家资本双管齐下加强基础设施；为新公司提供免利润税、矿藏开采税和水资源税的十年优惠；为居民提供降低抵押贷款利率、资助高等学校学费、母亲基金数额增加 50% 等优惠；为到远东工作的外国人提供入籍便利。

2011 年俄罗斯官方预测，经济增长如能保持在 4% ~ 4.5% 的水平上，则 2015 年 GDP 能超过德国，从世界第六上升到第五。然而，俄罗斯学界对本国经济前景并不乐观，预计 2012、

2013 年的 GDP 增长率不超过 4%。

质量并重加强国防

普京来自强力部门，向来重视军事。他最欣赏俄国沙皇亚历山大的名言，"俄罗斯只有两个盟友——陆军和海军"。重振军威，他既重视量，更重视质。

俄军现有百万兵员，少于中美朝印，居世界第五位。2011年军费 720 亿美元，仅低于美中两国。战略核武器基本上与美国平起平坐，维持核超级大国地位。武器装备自成体系，且能大量出口，2011 年出口额达 130 亿美元，仅次于美国。

为重整军备，俄罗斯 2011～2020 年拨 20 万亿卢布，在主要军事技术领域夺回主导地位，使俄军配备的新型兵器比重由现在的 10% 提高到 2015 年的 30%，2020 年的 70%。

海空军是俄军现代化的重点。2012 年 8 月初，普京宣布大力发展海军，要新购百艘水面舰艇和潜艇，不仅要造新潜艇，还要启用已封存的 20 艘核潜艇和常规潜艇。根据空军发展战略，到 2020 年，俄罗斯空军将装备 2000 多架新型飞机和直升机，换装率将达到 75% 以上。

俄军经过三年努力，基本完成近百年来最大规模的改革，组织结构面貌一新。

首先，在国防领导和指挥体制上，把军事行政和作战指挥这两项职能区分开来。陆海空三个军种总司令全部退出作战指挥系列，专司军事行政业务，负责军种建设。

其次，在作战指挥体制上，合并原有的六个军区，在西东南中四个战略方向成立四大军区，也就是在四个战略方向成立联合战略司令部。辖区内的陆军集团军、海军舰队和空军的空防司令部全归联合战略司令部司令指挥，构成其属下的战役司令部；辖区内其他强力部门的部队在作战上也归联合战略司令部司令指挥。

其三，在军兵种结构上，合并原有太空兵和空军空天防御战役战略司令部，成立太空防御兵，作为中央直属兵种，由总参直接指挥，下辖航天司令部和防空反导司令部；海军舰载机、反潜机和预警机之外的其他飞机，以及战略导弹兵、空降兵的飞机全部转属空军。

其四，在部队结构上，陆军取消师和团建制，改组为一百多个旅。摩步旅和坦克旅分重、中、轻三类，全部为常备旅。空军航空兵的师和团全部改为基地，空军防空兵的军和师改编为13个空天防御旅。

其五，在教育体制上，增大院校容量，把65所高等军事院校重组为3所军事教学科研中心、6所军事学院和1所军事大学。在训练体制上，战斗训练由各军种负责。新兵在军区教导中心的训练时间由半年缩短为三个月，以适应义务兵服役期减为一年的现实。

其六，在后勤保障上，建立全军、军区和基地三级通用物资的跨部门划区保障体制；建立百分之百联邦控股的国防服务公司，用外包方式解决军队的服务保障；由国防部财务机关牵头，建立垂直财务体系；撤并军营，现有 2.1 万座军营统建为 184 座大型军营。

最后，在兵役和动员制度上，实行义务兵和合同兵相结合的混合兵役制。计划在 2016 年前把合同兵分阶段增加到 42.5 万人。建立职业化的预备役人员队伍，与服预备役的志愿人员签订合同。军官数量从 35.5 万人削减到 22 万人。

至于美国在欧洲部署反导系统，俄罗斯以两招应对。第一，"让矛更尖"，列装 400 多枚突防能力超强的陆基和海基新型洲际导弹，替换 2020 年前将退役的 400 枚老式导弹；新建 8 艘战略导弹核潜艇；对战略轰炸机进行现代化改造，提高突防和精确打击能力。第二，"让盾更厚"，完善本国的三层反导防御：30~40 公里的短程防御，用以保护较小的目标；40~200 公里的中程防御，用以保卫重要工业项目；200 公里以上的远程防御，用截击防空兵和战略防空兵，以及射程 400 公里的 S-400、射程 600 公里的 S-500（今后还有 S-1000）防空导弹系统。

今天的俄罗斯，既不同任何大国结盟，也不把任何国家定为敌国。普京对世界军事战略大势有清醒认识——爆发世界大战的可能性不大；他的用兵理念非常明晰——以跟美国大致平衡的战略核力量应对任何大国潜在的侵略威胁，以精干机动的常规力量对付俄格战争式的局部战争和地区冲突。

外交调整：依托欧亚，面向亚太

普京外交原则不变：外交为本国战略安全和经济利益服务、

俄罗斯外交可预见、国际法至上。在无悖于本国利益的前提下，俄罗斯对伙伴讲义气，守信用。如果伙伴利益跟本国利益发生冲突，那就"战略伙伴诚可贵，本国利益价更高"。

"梅普组合"后期，俄罗斯外交偶有不协和音。现在外交决策权回归普京。他在上任当天即签署《对外方针实施措施》总统令，把发展独联体作为外交关键，把建立以俄罗斯为核心的欧亚联盟作为最终目标。普京新任期外交的另一重要变化是更加重视亚太，希望借助中国因素改善战略环境，振兴远东和西伯利亚。

与美欧关系难以大幅改善。俄罗斯要重新崛起，自成世界一极；西方要制俄弱俄，防其东山再起。美国要部署东欧反导系统，削弱俄核威慑力；西方渗透独联体，挤压俄战略空间，资助反对派"街头闹革命"。普京对美国高度警惕，美国厌憎普京。俄美在价值观上分歧较大，地缘政治和军事战略上的矛盾难以消除。欧盟不愿俄罗斯强大，"老欧洲"和"新欧洲"多数国家排斥俄罗斯，梅德韦杰夫 2009 年倡议的俄欧"现代化同盟"不切实际。但是，俄罗斯为实现经济现代化，需要改善同西欧和美国的关系。不能排除美国在反导问题对俄有限度地让步、俄美继续"重启"的可能性。普京并不笼统反美，他反对的是美国侵害俄罗斯切身利益。

普京于 2012 年 2 月 27 日发表有关外交的纲领性文章。在谈到世界各地区时，他首次把亚太放在欧美之前，用了近一半篇幅谈俄中关系。他认清两国关系主流：俄罗斯需要繁荣而稳定的中国，中国需要强大而成功的俄罗斯。

他澄清对中国、对俄中关系的三大误解。

一是中国经济发展决不是威胁，而是挑战，它包含着实业合作的巨大潜力和借中国东风发展俄罗斯经济的良机，应借助中国潜力振兴西伯利亚和远东。

二是中国没有主宰世界的野心。俄中在世界上将继续互相支持，共同解决尖锐的地区和全球问题，与联合国安理会、金砖机制和上合组织加强互动。

三是现有的俄中关系模式极有前途。双方解决了所有重大的政治问题，包括最重要的边界问题，形成了有法律文件保证的牢固的双边关系机制，两国领导达成前所未有的高度互信。这样我们就可以本着伙伴关系精神，在务实和照顾彼此利益的基础上行事。

普京对俄中关系有清醒认识，认为现存四大问题：在前苏联地区的商业利益有矛盾，双边贸易结构对俄不利，相互投资水平低，中国移民潮令人关注。普京没有明言的第五个问题是：中国利用从俄引进的军事技术在国际武器市场上同俄竞争。

从近期和中期看，中俄关系存在着进一步密切的可能性。俄罗斯把保持良好的对华关系，看作营造有利外部环境的一个关键因素。

中国周边唯一可能的潜在盟国只有俄罗斯。

苏联解体后，俄罗斯一直担心陷入战略孤立，总想寻找盟友。叶利钦向美国和西方"一边倒"，没有得到好报，反而招致北约东扩的战略噩梦。普京任职初期曾想与西欧结盟，甚至加入北约，结果被欧盟婉言拒绝，遭北约冷嘲热讽。俄格战争前，普京曾提出与中国结成"盟友关系"。

虽然俄罗斯至今仍有个别政治家主张对华结盟，但总的来说，俄罗斯精英尊崇"欧洲中心主义"，不想做中国的"小兄弟"，反对与中国结盟。如果说要结盟，那么当前俄罗斯的结盟对象是前苏联国家，首先是未来的欧亚联盟成员。

结盟首先是为了本国利益。中俄两国的核心利益虽有不少交汇点，但差异很大，而且结盟还会干扰两国与第三国的关系，恶化两国的国际环境。

总之，当前中俄既不希望、也不需要、更不可能结盟。对中俄两国来说，最理想、最现实、最符合两国长远利益的双边关系状态，是全面深化现有的战略协作伙伴关系。这有助于应对美国战略东移，延长我国的战略机遇期。我国宜着眼长远，制订对俄关系战略，细化对俄经贸、能源、农业、物流、科技、人文合作规划，把战略协作伙伴关系落到实处。

客观认识德国在欧盟
及中欧关系中的地位和作用

◎ 梅兆荣

二战结束至今，欧洲格局发生了巨大而深刻的变化。战后的德国已成为欧洲实力、地位和影响力最强的国家，特别是在解决欧债危机中起着主导作用。欧盟峰会达成的一些重要协议、欧债危机形势总体企稳、危机救助进入机制化轨道，都与德国的努力分不开。德国在欧盟地位虽然举足轻重，但难以"主宰"欧洲，甚至难以"一枝独秀"。中德两国实质性合作已走在中欧关系前列，两国高层交往密切，经济合作的规模和质量持续提升，人文交流日趋活跃，给两国人民带来了实实在在的好处，也促进了中欧关系的发展。

二战结束时，德国曾遭受严重破坏，国土面积丧失了11.4297万平方公里，并须向战胜国和犹太人支付巨额赔偿和补偿。1949年，又分裂成东、西两个德意志国家，分属于以美苏为首的两个对立的军事政治集团。1955年两德获得"完全主权"后，仍分别在不同程度上受制于苏、美、英、法四个战胜国。50年代初，法、德（西）、意、荷、比、卢六国建立煤钢共同体时，主导思想十分明确，就是要把煤和钢这两个当时最重要的战争物资统制起来，防止德国军国主义东山再起。嗣后西欧走上联合之路，后人归纳其指导思想为三句话，即：①"把德国人摁下去"；②"把俄国人挤出去"；③"让美国人进来"。德国前总理施密特也曾指出：50 年代初西欧走联合之路主要出于两大战略考虑：一是长期制约预计将要重新崛起的德国；二是构筑一道针对苏联扩张威胁的屏障。可见，德国当时虽已战败，但仍是各国防范、制约的重要对象。

60 多年过去了，欧洲格局发生了巨大而深刻的变化：美苏对峙的冷战已经结束；德国实现了重新统一；苏联东欧集团已解体；欧盟一体化取得了重大进展，已成为拥有 22 个成员国、覆盖 400 多万平方公里面积、约五亿人口的主权国家联合体。其中，德国的实力、地位和影响力最强，不仅是欧洲第一、世界第四大经济体，在欧盟和欧元区的比重始终保持在 1/5 和 1/4 强左右，而且在整个西方板块中也属佼佼者。特别是面对国际金融危机和持续发酵、延宕难解的欧债危机，德国以其稳固的实体经济和强大的制造业、巨额外汇储备和独特的发展理念表现出了较强的抗风险能力，不仅强化了它在欧盟和欧元区的经济"发动机"和"稳定锚"地位，而且在应对危机中逐步将经济实力转化为政治影响力，主导和推动着欧债危机的解决进程，任何欧债危机的救助和解决方案都离不开也绕不开德国。

重新崛起之道

人们自然会问，战后德国重新崛起靠的是什么？

第一，西德首任联邦总理阿登纳根据当时的处境和国际形势，推行"向西方一边倒"的方针，这是符合当时西德生存利益的战略抉择。其主要内涵表现在两个方面：一是参加西欧一体化，也就是接受制约，消除欧洲邻国对德国重新崛起的疑虑；二是加入北约，依靠美国安全保护，建立所谓跨大西洋同盟关系，应对苏联军事威胁。这是西德外交政策的两个基石，它使西德在很长时间里无须大量国防开支，而能借马歇尔计划集中财力、物力进行战后重建，较快恢复和发展经济。

第二，以正确对待"二战"侵略历史的真诚态度取得受害国人民的宽恕，特别是周边邻国对德国的政治信任。西德历届领导人都公开承认希特勒发动了侵略战争和杀害600万犹太人的滔天罪行，向受害国赔礼道歉和补偿受害者的损失，遵守战后国际协定和承认战后边界，放弃领土要求和核生化武器，教育青年人树立正确的历史观，并制定法律严惩任何否认纳粹罪行的言行，等等。

第三，推行具有德国特色的"社会市场经济"和中央银行体制，重视发展实体经济和制造业，建立比较完整合理的经济结构。50年代德国经济部长艾哈德创立所谓"社会市场经济"理论，一方面强调市场在资源配置中的积极作用，主张通过竞争达到优胜劣汰，另一方面又在经济发展中引入"社会"因素，建立社会保障和福利制度，并强调要在法制基础上发展市场经济，减少市场的盲目性。德国联邦银行也有别于欧洲其他国家的中央银行，具有不受政府干预的独立性，确保货币稳定，防止通货膨胀，保持马克坚挺；同时，德国重视发展中小企业并适时从传统工业向新兴产业转移，既没有像英国那样片面集中于金融服务业，也不像法国那样过分强调国家干预，确保了德国经济的健康稳定发展。

第四，大力推进欧洲共同市场建设，为本国工业品确保稳定的出口市场，并依托欧盟在世界上发挥影响。德国历代领导人清醒地认识到，德国按其人口和国力虽是欧洲大国，但不够世界大国的资格，加上历史的原因，德国难以单独在世界范围内发挥大国作用，只能借重欧盟的分量发挥国际影响力，因而促进欧盟一体化建设是德国外交的一个基本立足点。德国作为出口型工业国，60%以上的产品销往以欧元区为主的欧洲市场，因而确保欧洲共同市场正常运转是其经济命根子所在。德国曾在农业政策上向法国作出重大让步，目的就是换取工业品的出口市场，这给德国经济带来了巨大好处。

第五，重视德法合作在欧盟建设中发挥"轴心"作用，并注意以平等态度对待周边小国，这是德国外交政策中两条重要原则。德国外交部有一个不成文的共识：在欧盟问题上，只有同法国合作才能办成一些事，反之将一事无成。科尔前总理曾多次向笔者指出：在欧洲问题上，德国往往要把"在先权"让给法国，即使是德国出的主意，有时也要让法国人出面提出较易办成。阿登纳曾经说过，举行仪式时，法国国歌可以奏两遍，德国国歌奏一遍就可以了。科尔还说，德国的欧洲政策正确与否，往往要看像卢森堡这样的小国是否满意。据笔者观察，德国上层至今仍重视这些理念和经验。

第六，通过提供发展援助谋求亚洲、非洲和拉丁美洲发展中国家的好感与合作，特别是取得德国极度缺乏的原料和至关重要的销售市场。战后德国在这方面有两个有利条件：一是德国在第一次世界大战后失去了全部殖民地，没有英法等国的老殖民主义恶名，这是德国相对于英法的政治优势所在；二是德国凭借其经济实力可以提供较大规模的发展援助，为自己获得廉价原料和开辟市场，成为德国经济发展较快的一个因素。早在 80 年代，德国资深外长根舍就曾说过：经验告诉德国，只有帮助发展中国家发展经济，使之具有购买力，才能为德国工业品培植市场。德国从 1985 年起向中国提供软贷款性质的财政合作，就是实践这一政策理念并给德国带来莫大好处的例证。

第七，实行"强制教育"以提高国民素质，并重视科研以推进科技兴国，是德国长期坚持的强国理念。普鲁士从 1825 年起就实行"强制教育"制度，把受教育视为与服兵役一样的公民义务。适龄儿童如不上学，家长会受到法律问责。做出这一规定是基于这样的理念：一个人的能力大小取决于其受教育的程度，受教育程度越高对社会贡献就越大，反之只能从事简单劳动，不但贡献会小，还可能成为社会的负担，因此每个公民必须接受九年义务教育。德国又以科技强国和富有发明创造著称，这与政府鼓励科研和技术创新的政策有关。早在 20 世纪初，德国科学家获诺贝尔奖的人数约占诺奖获得者总数的1/3。截至2007年，德国诺奖得主计有78位，其中67位因在自然科学和医学领域成就突出而获此殊荣。双轨制职业教育是德国教育体系中的一个突出亮点，造就了大批理论与实践相结合的高级技工，是"德国制造"质量高超的重要保证。

第八，强调法治，有一套成熟的治国理念和比较完整的法律制度。民众法治观念也较强，舆论监督相对严密，确保官员违法乱纪行为易被揭发，市场上假冒伪劣商品相对较少。西方民主制度有其弊端，比如决策过程漫长，效率比较低下，但在一定程度上也减少了长官意志的独断专行，一旦作出决定或形成法律，贯彻执行较有保证。宪法规定联邦总理决定大政方针，各部部长职责明确，各部门分工与协作有序，较少政出多门或各自为政。政客们上台下台，但文官制度确保了政府机构稳定运转，政令相对畅通。

第九，在企业内部实行劳资合作的"共决权"，在一年一度的工资谈判中注意调节劳资矛盾，是两个具有德国特色的确保社会相对稳定的重要手段。较之英、法、意等其他欧洲大国，德国大规模的罢工事件明显较少，除了德国的社会福利制度比较完整外，主要是因为：①德国企业的内部普遍建立有"企业委员会"，实行劳资双方代表共商大计的"共决权"，把矛盾及早解决于基层，不易扩展到社会上；②工资谈判中一旦出现尖锐矛盾，政府总是想方设法通过调解使双方达成妥协。

第十，更为重要的是，德意志民族精神中有一些优点支撑了德国的重新崛起。历史上，德国曾有过发动两次世界大战的斑斑劣迹，但也产生了许多为人类进步作出杰出贡献的伟人。德国之所以能跌倒了又爬起来，归根结底是靠蕴藏于德意志人民骨髓里的优良品质，主要是：自强不息、刻苦努力的实干精神；一丝不苟、认真负责的严谨作风；追求完善、不断提高产品质量的高标准要求；尊重客观规律、严格按规矩办事的科学态度；不图虚名、但求实效的务实心态。

处在风口浪尖

战后德国以悔过自新的历史观重新取得了有关国家的信任，以突出的经济成就获取了世界的尊敬，以优质产品赢得了市场和人心，不仅拓展了"生存空间"，而且增强了自己在欧盟内的话语权和国际地位。但在长达三年的欧洲主权债务危机中，德国恰恰因其"一枝独秀"而处在风口浪尖，成为欧盟和欧元区内部利益和理念之争的重要一方。欧洲舆论对德国在危机处理过程中坚持自己的理念和显示强硬态度颇多批评指责，我国国内有些学者也提出了德国要"主宰"欧洲的逻辑推论，甚至重弹起"德国的欧洲"等论调。事实究竟是怎样呢？在笔者看来，欧洲舆论特别是一些重债务国期望欧洲实力最强的经济体德国伸出"团结互助"的救援之手，是可以理解的。事实上，德国上层精英也意识到德国得益于欧洲一体化，理应积极救助，以稳定欧元和欧元区经济，这不仅符合德国的根本利益，且关系到欧盟的前途命运。但德国民众强烈反对以自己的辛勤劳动所得去为"超前消费"、"寅吃卯粮"的重债务国"买单"。特别是德国近十年来平均工资基本未涨，德国的公共债务积累也已占其国内生产总值的80%以上，近年来德国经济增长幅度持续处于低下状态，加之执政联盟在若干州选中连连失利，2013年又将举行联邦议会选举，默克尔政府在此背景下不能不顾及民意，在救助问题上长时间迟疑不决。显然，适应民意、确保支持率是其重要考虑之一。

但更为重要的是，以法国为代表的南欧重债务国同以德国为代表的西北欧国家在如何解决债务问题上利益和理念分歧很大，难以在短时间内弥合。默克尔曾指出，欧债"危机并非一夜之间形成的，而是几十年错误积累的结果"。解决这场危机需要从根子上着手，除实行紧缩政策以减少公共债务外，最根本的是要通过结构改革提高竞争力。比如希腊经济的国际竞争力位列世界第90位，而其养老金水平却名列世界第三；欧洲人口只占世界9%，但其福利开支却占全球50%；如不进行改革，这种状况将难以为继。为此，德国为每次救助行动都要提出严格条件，要求受援国作出节支和改革承诺，并严格监督其承诺是否切实履行，认为不这样做就会导致"无底洞"。

经过长时间的激烈争论和讨价还价，一年来欧盟峰会达成了一些重要协议，使欧债危机的形势总体上企稳，危机救助进入机制化轨道，这与德国坚忍不拔的努力是分不开的。归纳这一年多来欧盟为解决欧债危机达成的协议，主要有以下几项。

①签订了《财政契约》。这项由17个欧元区成员国于2012年12月通过、9个非欧元区欧盟国家加入的契约，旨在"煞住"

主权债务不断扩大的势头，确保年度预算不超过 GDP 3% 和公共债务积累不超过 GDP 60% 的规定得到严格遵守。为此，各成员国须将年度预算交由欧盟委员会审核监督，对违规者实行"自动"惩罚。该契约虽不能立竿见影地解决已经积累的公共债务，但修正了欧元机制设计中的一个缺陷，并意味着某种程度的主权让渡。

②启动了欧盟稳定机制（ESM），以逐步取代之前建立的欧洲金融稳定基金（EFSF）。该机制可支配的总金额为 5000 亿欧元，是为重债务国提供资金还贷的"防火墙"。该机制本应于 2012 年 7 月 1 日生效，由于德国有人向联邦宪法法院控告其违法，经德国宪法法院审议裁定不违法，但限定德国对该机制的贡献率不得超过 27%（即 1900 亿欧元）之后，才于 2012 年 10 月 8 日生效。

③欧洲央行宣布"无限量购债"，即实行直接货币交易（OMT）。目的是制止市场投机，促使 10 年期国债收益率下降，金融市场逐渐回归理性。德国原先不同意欧洲央行这样做，因这种做法不符合德国原先坚持的理念。后因法国坚持并迫于形势而不得不同意。

④在"增长"和"紧缩"问题上，德国原先着眼于节支和减少公共债务而只强调"紧缩"，在法国和重债务国的强烈要求下同意兼顾"增长"以刺激经济，并同意投入 2500 亿欧元促增长。

⑤2012 年 10 月欧盟峰会原则通过建立单一的银行监督机构，12 月欧盟财长会议又决定建立银行联盟并制定了单一银行

监督机构的具体规定，这对处理和应对银行业的危机具有重要
意义。

应当指出，所有上述重大措施的背后，都打着德国的深深烙
印，包括德国坚持的理念和作出的妥协让步。

难以主宰欧洲

从以上所述中可以看出，德国在欧盟的地位虽然举足轻重，
但难以"主宰"欧洲，甚至难以"一枝独秀"。它必须致力于欧
洲一体化，同其他欧盟成员国"同舟共济"。这是多种因素决
定的。

第一，德国在欧盟中的综合国力，既不能与美国在西方板块
中的地位相比，也难以与昔日苏联在苏东集团中的地位相提并
论。德国的优势在于其经济实力，GDP占欧盟的29%，但其军
事实力不及法、英。德国既不是联合国安理会常任理事国，也不
拥有核武器，综合国力有局限性。

第二，德国虽是欧洲强国，但算不上世界大国，它必须依托
欧盟才能在多极世界中发挥国际作用；经济上也有赖于欧元区这
个占其出口总量60%以上的市场。如果欧元区经济出问题，它
作为出口大国就会陷入困境，欧元区境况的好坏关系到德国经济
的前途。因此，德国必须顾全欧洲大局，对欧元区陷入危机不能
不尽力援助。救欧元对德国也是自救，德国难以不顾欧洲的死活
"一枝独秀"。

第三，德国政府不仅受国内民意制约，而且出于历史原因受大国、邻国和小国牵制。施密特前总理最近指出：德国的历史包袱虽在变小，但不会完全消失。德国不能以欧洲中心自居。欧洲近400年的历史一再上演中心国家和外围国家的斗争。从拿破仑、威廉二世到希特勒，谋求成为欧洲中心的努力均告失败。德国如果谋求欧洲中心地位，中小国家必然会联合起来反对它。

第四，欧盟的决策机制不允许德国一家说了算。这是因为欧盟在重大问题上实行"一致通过"原则，每一个成员国都有一票否决权。德国前外长根舍不久前也指出：欧洲一体化的一条重要经验，就是改变了大国定调、小国仆从的欧洲历史逻辑。

引领中欧关系

与英国早在50年代就与中国建立半外交关系，法国于1964年同中国建交相比，西德迟至1972年才同中国建交。但中德两国实质性合作的广度和深度已走在中欧关系的前列，成为中国与西方大国之间最富有成效的关系之一。40年来，两国关系虽曾因人权和涉藏问题而屡遭挫折，但总体上是不断向前发展的。特别是近几年来，两国高层交往和联系密切，已建立了40多个对话与交流机制。德国已成为中国领导人往访最多的欧洲国家。继2003年两国建立"具有全球责任的伙伴关系"之后，2010年决定建立"战略伙伴关系"。2011年建立政府磋商机制，2012年8月的第二轮政府磋商又决定进一步提升展望未来的中德战略伙伴关系水平，充实两国关系的战略内涵。

中德经济合作的规模和质量持续提升，成为双边关系发展的稳定器和推进器。2011 年贸易额达 1691 亿美元，是建交时的 615 倍，超过中国同英、法、意三国贸易的总和。德国也是欧洲对华技术转让和直接投资最多的国家，截至 2012 年 10 月底，中国从德国引进技术累计 17694 项，金额达 580 亿美元；截至 2012 年 9 月底，德国在华实际投资金额达 194.8 亿美元，累计批准的德国企业在华项目 7716 个，在华企业 4500 家。值得注意的是，近年来中国企业赴德投资增势强劲，2011 年中国在德投资项目达 158 个，超过美国成为德国最大的外来投资国。截至 2012 年 8 月底，经中国商务部核准的中国对德投资金额达 23.6 亿美元（不含金融类投资），目前在德中资企业及机构已达 1300 多家。

中德人文交流与合作也日趋活跃，为两国关系发展不断注入新的活力。双方已建立 69 对友好省州关系，500 多对大学校际关系，中国在德留学生达 2.8 万人，德国在华学生有 5000 多人。目前中国大陆与德国之间直航班次每周达 65 个，2011 年德国来华 64 万人次，中国首站赴德 33 万人次。双方在德合建了 12 个孔子学院和 1 所孔子课堂。继德国在华举办"德中同行"、"启蒙艺术展"之后，2012 年中国在德举办了"中国文化年"。2013～2014年两国将互办中德"语言年"。

针对上述中德关系的积极发展，欧洲舆论中出现了"中国通往布鲁塞尔之路必须经过柏林"的论调，欧盟对外关系委员会的两名学者提出"中德特殊关系"之说，声称德国在中欧关系中不应搞"特殊化"，颇有把中德关系与中欧关系对立起来，进行挑拨离间的味道。对这种无稽之谈，我们应保持警惕。必须指出：中欧关系中，中德关系在许多方面走在前面是事实。比如中德贸易多年来一直占中欧贸易1/3，德国对华投资占欧盟对华投资1/4，对华输出技术合同金额占2/5，但这是双方经济结构的互补性和合作的互利性所决定的，它给两国人民都带来了实实在在的好处。同时，中德关系的积极发展也促进了中欧关系的发展，两者相辅相成、并行不悖。中德合作不针对第三方，不存在牺牲其他国家利益的中德"特殊关系"。

中德之间的共同利益大于分歧，两国经济的互补性大于竞争性，但两国关系也面临一些挑战。如何排除一些障碍或干扰，保持德国在中欧关系中的引领作用，有待于双方共同努力。主要应着力解决四个方面的问题：一是正确对待意识形态和社会政治制度方面的分歧。关键是要承认世界的多样性，不以意识形态画线，不以社会政治制度的异同决定国家关系的好坏。要求同存异，推行务实政策。二是妥善管控好经贸方面的竞争和利益矛盾，不仅要反对贸易保护主义，而且要利用竞争的积极因素相互启发和激励，实现更高水平的合作共赢。三是正确看待中国的和平崛起。不把中国的快速发展看作是威胁，而应视之为机遇，并积极地加以利用。四是增进相互了解和战略互信。这是两国关系发展中相对滞后的方面，双方应站在战略的高度，以宽广的全球视野和长远的眼光以及与时俱进的思维，本着相互尊重、平等互利、不干涉内政、合作共赢的原则，通过各种对话与交流共同作出努力。

欧洲债务危机企稳　经济增长仍需时日

◎ 丁一凡

　　2012 年在欧洲债务危机中是很关键的一年。欧洲中央银行对市场的干预，欧盟首脑会议关于成立银行联盟的决定及其进展，欧盟国家采取的一系列行动对稳定欧洲的债务市场起了至关重要的作用。欧洲的债务危机虽然开始趋稳，但欧洲经济若想重新踏上增长的征程，还需要新的动力。欧洲债务危机国纷纷采取吸引外资的政策，开放部分被管制的市场，出售部分国有资产，简化行政手续，等等。这些措施为中国加强对欧洲的投资提供了有利条件。

　　欧洲主权债务危机即将进入第四个年头，期间的跌宕起伏对世界经济乃至中国经济都产生了巨大影响。2012 年欧洲的债务危机开始稳定，欧盟采取的一系列行动开始产生影响。但欧洲仍需刺激经济回升和增长的动力，危机国采取的"自由化"措施未来是否会对经济增长产生重大影响，是值得认真观察的。

一、欧洲债务形势开始稳定

总体上看，欧债危机已经告一段落。未来虽还有一些不确定因素，但欧元区重债国的债务形势已经开始稳定。

欧洲债务形势好转有以下几种迹象：一是市场对危机国的信心开始恢复，西班牙和意大利的国债收益率近期大幅下滑就说明了这一点；二是希腊出局已不可能，欧盟与希腊都有信心让希腊留在欧元区；三是欧元区国家已经就建立银行联盟达成一致，具体步骤都在落实当中，欧洲金融市场开始稳定。

金融市场恢复对债务危机的信心，是因为欧元区在 2012 年做出了许多重大决定，稳定住了债务恶化的趋势。首先，欧洲中央银行行长德拉吉在 7 月底宣布，如果某些欧元区成员国的债务收益率大幅攀升，这些国家有可能陷入债务利息与公共财政恶化相互影响的恶性循环时，欧洲央行将无限制地买入这些问题债券，使这些债务的收益率回归正常。欧洲央行的声明一出，市场上的投机风立即小了许多。最终欧洲央行并没有真正干预，西班牙与意大利新发的国债收益率就大大降低，这两国得以发行新的短期债券融资。这说明，当欧洲央行准备行使"最终贷款人"的义务时，任何市场投机的力量都无法与之博弈。随后，10 月 8 日欧元区成员国的财政部长们启动了借贷能力约 5000 亿欧元的欧洲永久性救助机制——欧洲稳定机制（ESM），首先借钱救助陷入了危机的西班牙银行业，然后再借钱给希腊，以重新安排债务。

2012 年初，美英的舆论还在炒作希腊一定会退出欧元区的谣言。但到了秋天，希腊融资还债的努力得到了回报。以国际货币基金组织（IMF）、欧盟（EU）和欧洲中央银行组成的"三驾马车"与希腊政府进行了艰苦的谈判，最终通过了援助希腊的决议，给希腊提供新的贷款，并允许希腊以市场价格回购希腊前期发行的债券。其实，希腊为削减公共开支做了很大努力，2012年其基础预算大概还会出现百分之一点多的赤字，但到 2013 年就会略有盈余了。

希腊债券在市场上的价格只相当于它当时发行面值的 30% 左右。以此价格回购债券，等于给希腊又减记了 60% 以上的债务。其债务占 GDP 的比例就会下降，对市场无疑会起到一定的安抚作用。近期国际信用评价机构开始给希腊债务上调信用等级，就是因为他们看到了这一趋势。

快到年终，欧盟国家终于就成立欧洲银行联盟达成了一致。建立这一联盟的具体措施可以概括为三个方面：确立欧元区统一的银行监管机制、在欧元区层面设立拯救问题银行的救助基金、推行覆盖欧元区银行的统一存款担保机制。所谓的欧洲银行联盟，就是通过积极条件性的救助机制，对欧洲银行业加强监管，避免因欧洲银行破产导致欧债危机进一步恶化。在银行联盟的框架内，欧洲纳税人将为欧洲的问题银行承担更多的责任与风险。从这一角度来看，欧元区朝着债务共担迈进了一大步，也就是朝着欧洲金融业的一体化又前进了一大步。由于未来出现银行资产恶化与主权债务危机相互传染的几率大大下降，欧洲债务危机基本稳定下来了。

二、欧盟国家只有携手一致才能走出危机

舆论界经常谈论，借贷发展、超前消费是欧债危机的原因。的确，在欧元开始使用的前几年，后来的债务危机国都经历了一段经济蓬勃发展的阶段，因为这些国家利用欧元的信誉，大大降低了它们借债的成本。借债成本下来了，但宽松的贷款也造成了某种程度上的金融泡沫，导致了房地产泡沫。当美国的房地产泡沫破裂后，国际金融市场上产生了巨大的恐慌，原来流入欧元区边缘国家的大量资金突然中断。于是，爱尔兰、西班牙这些国家的房地产泡沫也跟着破裂，造成银行系统的灾难。这些国家的政府只好动用公共财政去救助银行，结果财政赤字猛增，主权债务危机就跟着爆发了。

除了这些因素外，还有一些因素被舆论忽略了。那就是，使用欧元后，欧元区的内部贸易收支发生了结构性的变化，这种变化跟德国有很大关系。西班牙、意大利这些国家在加入欧元区之前，在对德国贸易中是有顺差的。但是在统一货币之后，德国的工资和社会福利没有增长，而其他国家在这方面的支出则明显增加。德国的生产效率原本就比较高，再加上成本没有增长，所以其产品竞争力就远远超过了其他国家，欧元区内部贸易收支结构发生逆转，德国出现了大幅顺差。其他国家因为使用欧元，不能再靠货币贬值来提高竞争力，所以这些国家的国际收支状况则持续恶化。从这个角度上讲，德国既是欧债危机的原因所在，又是

解决问题的关键力量。然而，德国与其他的欧元区成员国有一种休戚与共的关系。如果德国不调整自己，不出手援助其他欧元区国家，最终德国也难逃危机的命运，因为德国也受到了一种经济全球化的挤压。英国的《金融时报》刊登了一篇评论，讲明了这个道理。文章说，如果欧元失败，德国只能重新使用马克。而马克会迅速升值，德国的制造业就会迅速失去竞争力。德国企业不得不转移生产，以降低生产成本。设计与研发部门可能还会留在德国，但德国工业企业的就业人数会大幅下降，而失业压力会骤然上升。因此，如果德国想在全球化的世界中保持经济的繁荣与社会的公正，就只能依赖稳定的欧元区，从而接受欧元区所带来的一切：银行联盟、财政联盟、最终是一个政治联邦制的联盟①。

欧洲国家已基本达成共识，就是只有团结一致共同应对，才能最终走出危机。这种共识的出现是有教训在里面的。西班牙经济学家解释，西班牙在加入欧元区之前，其财政赤字水平和债务比例都比较高，许多欧洲国家都怀疑西班牙能达到欧元区的标准。但是，西班牙政府用了将近四年的努力，把债务水平和公共财政的赤字水平都降下来，达到了加入欧元区的标准。此次债务危机爆发之后，西班牙又想采取先前的做法，以期降低债务比例。但是尽管付出了巨大努力，却没有出现任何效果。这充分说明，当金融市场怀疑欧元的稳定性时，某个国家单方采取措施是解决不了当前问题的。

---

① Nic Berggruen, Nathan Gardels "German middle class must save the euro", in Financial Times, Dec. 11, 2012.

其实，欧洲债务危机国已经排除了脱离欧元区的办法。而且大家几乎都认为德国的态度在不久的将来一定会改变。德国现在之所以仍很固执己见，主要是因为 2013 年有大选。目前看，默克尔继续当选已经没有悬念。在选举后，其解决欧债危机的立场一定会有所变化。因为目前德国的出口和增长也已受到危机的影响，救欧洲就相当于救自己。

欧债危机局面虽然稳定了，但困难还很多，也有一定的隐患。欧元区是集团政治，集团政治里面还会有很长的讨价还价的过程。目前大家比较担心法国。法国是欧元区第二大经济体，2012 年当选上台的社会党政府最近出台了很多新的经济政策。但是这些政策仍偏重于搞经济刺激，与结构调整的方向正好相反，这意味着法国的财政状况可能会继续恶化。法国 2012 年的债务比例已经达到其国内生产总值的 91%，如果这个比例继续扩大就比较危险了。法国如果再出现债务方面的问题，欧元区危机就会更加严重。目前法国和德国在解决欧债危机问题上立场差异还很大。欧盟虽然就成立欧洲银行联盟的原则达成了一致，但在统一监管机制建立的许多细节问题上成员国还有分歧，还需要较长的时间的讨价还价。这个过程决不会一帆风顺，市场受其影响也可能出现小幅震荡。

三、寻找经济增长动力的欧洲为中国投资提供了机会

多年来，欧盟一直是中国的第一大贸易伙伴，2012 年欧盟

"退居二线"，这跟债务危机有直接关系。也可以说，欧洲债务危机对中国经济增长起了负面作用。然而，正如汉语"危机"一词所说，危机中也孕育着机会。

当前欧债危机基本趋稳，欧元区不会分裂。欧元区国家通过缩减公共开支，搞结构改革，稳定了债务。但是，开支减少也引起了新的经济衰退，危机国都缺少实际投资来促进增长。因此，在可预见的未来，欧洲国家要恢复经济增长还有一段很长的路要走。

欧洲南方国家的经济学家说，过去它们靠借钱发展，曾经经历了一段繁荣。但好日子结束了，现在尽管债务危机得到了控制，但它们无法再靠借钱来发展了。要想让欧洲的经济重新回归增长的轨道，欧洲国家对外来投资寄予很大希望。欧洲债务危机国都进行了结构调整，开放了市场，解除了过去的许多管制措施，拍卖了一些国有资产，简化行政审批的程序，对外来投资实行"绿色通道"。

在这一背景下，中国企业去欧洲投资遇到的障碍会比以往少得多。实际上，最近几年，像"中远"、"华为"这些公司在欧洲的投资就取得了非常好的效益，中国企业在欧洲的形象明显改善。中国企业在欧洲投资有四个明显的效益。

①通过投资欧洲企业，一些中国企业快速提高了技术水平，弥补了一些产品空缺。欧洲许多国家的中小企业竞争力很强，有某个小产品或小零部件的"绝活"，掌握着专利和诀窍。有些企业有一两百年的历史，有品牌，有自己的销路，有自己的传统。但在危机中，这些企业却面临着巨大的资金链断裂的威胁。市场

萎缩，为大企业提供零部件的小企业没有足够的订单，而且还因为大企业欠债，这些中小企业生存受到威胁。另外，债务危机引起了银行等金融机构的"惜贷"，中小企业无法依靠金融机构来渡过难关。这时，中国企业通过兼并的形式投资这些中小企业，获得了很好的效果。

②投资欧洲改变了中国经济的对外形象。中国企业过去没有参与在发达国家的投资，欧洲的舆论对中国投资曾半信半疑。甚至有些舆论认为，中国企业是靠抄袭、仿造起家的，投资欧洲就是为了捞点技术好处。一旦得到了技术，中国企业就会关闭欧洲企业，把负担扔给欧洲国家政府。然而，中国企业最近在欧洲投资的经历表明，中国企业的经营理念一点都不落后，中国投资为欧洲经济增长作出了巨大贡献。在希腊，中远公司投资租用比雷埃夫斯港一半使用权的经历，成为当地企业经营的成功典范。不仅希腊人想"削尖了脑袋往中远公司里钻"，中远公司的总裁还被请到希腊的工商会去讲述公司经营的成功之道。中国的"软力量"在中国企业投资欧洲中得到了充分的体现。

③投资欧洲，缓解了中国的产能过剩。中国这些年经济发展迅速，但某些领域已经出现了过剩产能积累的趋势。如果产能持续过剩，积累起来就会形成大量坏账，会形成系统金融风险。从2008年国际金融危机爆发以来，我们已经充分意识到了系统金融风险的意义，也知道如不及时预防，系统风险的增长就意味着未来爆发金融危机的可能性大增。这两年在向欧洲债务危机国投资中，也有一些中国企业在国内的市场竞争中不宜生存，到欧洲去寻找发展机会。有些中国企业到欧洲投资确实缓解了产能过剩

的困境，使生产设备能尽量拉长使用周期，减少了浪费。

④投资欧洲研发，保障企业技术创新。过去，中国传媒界对欧洲的报道造成了一种对欧洲人的偏见，认为欧洲社会福利太高，把人都养懒了，在欧洲投资恐得不偿失。然而，近些年中国企业在欧洲的投资证明，欧洲员工也并非像报道中说的那样"懒"，关键在于企业文化，在于企业的激励机制。比如，华为公司在意大利投资建立了华为欧洲研发中心。这家研发中心仅用几年时间就开发出了新的微波通讯设备，弥补了华为公司的技术空白。过去，华为公司从日本进口该类设备，成本昂贵。意大利研发中心生产的设备比日本进口的设备便宜一半，而技术水平更高，质量更好。

总之，随着中国经济实力的增长，中国对世界经济的影响力越来越大。中国对非洲国家的援助与投资已经初见成效，非洲成为经济增长迅速提升的大陆。中国企业对欧洲的投资也会起到越来越重要的作用。欧盟是中国的全面战略伙伴，中国企业去欧洲投资，帮助欧盟的重债国走出危机符合中国的战略利益，同时对中国企业来说也有巨大的经济利益。

当然，中欧之间在双边贸易中也还存在一些摩擦和矛盾，但我们不能把所有的问题都归咎于贸易保护主义。中国企业要想抓住在欧洲市场上的机遇，关键是要认真把脉市场需求，并适时调整产品结构。中国太阳能板对欧洲出口遇到的问题就充分说明了这一点。前些年，欧洲国家制订了 2020 太阳能发展规划，政府对发展太阳能光伏产业给予补贴，于是当地企业就大量进口太阳能板，中国生产商也受益匪浅。但是，因为前些年欧盟国家从中国进口太阳能板太猛，2012年这些欧洲国家已经提前用完了直到2020年的太阳能光伏产业发展指标。而且，因为大部分欧盟国家都要缩减财政开支，对太阳能产业的财政补贴也大量缩减。因此，中国太阳能板对欧洲的出口就遇到了很大问题。这就说明，中国企业必须及时把握市场变化并适时调整出口结构，才能使欧盟与中国的经济、贸易关系稳定发展，避免大起大落。

欧债危机对中东欧、巴尔干的影响

◎ 贾瑞霞

2009 年爆发的欧债危机不仅冲击了欧元区各国，而且严重影响到 2004 年以来相继加入欧盟的中东欧新成员国以及尚未入盟的巴尔干国家。在衰退与紧缩双重压力下，上述国家采取各种措施，努力恢复经济。危机中各国贫困率上升，严重影响各国社会稳定。

一、欧盟新成员国衰退与增长并存

2009 年欧债危机以来，10 个欧盟新成员国①都经历了从经济深度下降到缓慢复苏的痛苦过程，目前仍有一些国家陷于低迷状态。各国制造业产出大幅下滑，对欧盟出口急剧下降。在欧盟、国际货币基金组织监督下，新成员国不得不实行财政紧缩以削减

---

① 波兰、捷克、斯洛伐克、匈牙利、斯洛文尼亚、拉脱维亚、立陶宛、爱沙尼亚、罗马尼亚、保加利亚。

赤字，满足欧盟"稳定与增长公约"要求或欧盟、国际货币基金组织的援助条件。在危机演变过程中，10个新成员国因经济形势不同而呈现"南北"分野。"南区"国家如匈牙利、斯洛文尼亚、捷克、保加利亚及罗马尼亚，产出下降以及财政、银行系统问题冲击国内经济稳定，复苏艰难。"北区"国家则在危机中保持较好经济走势，如波兰、斯洛伐克与波罗的海三国。

1. "南区"国家

危机期间，匈牙利经济下滑最剧烈。2009年匈牙利国内生产总值下降6.8%，2010年增长1.3%。目前，匈牙利成为欧洲成绩最差的经济体之一，预计2012年其经济将下降1.3%，年均通胀率5.8%，在欧盟内经济形势仅略微好于希腊和葡萄牙。目前匈牙利债务占其国内生产总值80%左右，国内储蓄率低使匈牙利对外资依赖程度非常高。为稳定本币币值，匈牙利至少需要高达250亿美元的援助。而国际评级机构已将匈牙利的信用等级降低为垃圾级，这意味着匈在国际资本市场筹集资金时成本将更加昂贵且没有投资者愿意购买匈国债。面对严峻的经济形势，匈牙利政府不得不寻求欧盟和国际货币基金组织的援助。但由于匈牙利政府在立法等方面的"倒退"一直饱受欧盟批评乃至欧盟诉至欧洲法院司法程序，所以时下匈牙利很难获得欧盟以及国际货币基金组织新一轮援助。沉重的债务以及投资者对其经济形势、政府前景的担忧，使匈牙利在难以获得外部资金的背景下举步维艰。

随着欧债危机不断发酵，斯洛文尼亚的经济也受到重创。

2008 年斯洛文尼亚经历了房地产泡沫崩溃，银行业暴露了数十亿欧元的不良贷款，国内主要银行纷纷被降级。2012 年斯洛文尼亚第三季度实际国内生产总值下降 3.3%，预计全年将下降 1%。2012 年 5 月，斯消费信心指数同比下降 13%，而制造业信心指数同比下降 14%。斯洛文尼亚正面临着自从独立以来最严重的经济困境，或许成为欧元区又一个寻求欧洲稳定机制（ESM）支援的国家。

2009 年，罗马尼亚经济陷入衰退。2010 年，罗经济仍旧萎缩，实际国内生产总值下降 1.6%；2011 年罗实际国内生产总值实现 2.5% 的增速[①]。2011 年，罗马尼亚年均通胀率为 5.8%，位居欧盟榜首[②]；罗马尼亚政府公共债务占国内生产总值 33.3%；财政赤字占比 5.5%，高于欧盟《稳定与增长公约》规定。2012 年，罗经济起伏不定，财政赤字依旧高于欧盟标准，通货膨胀率与失业率较高；政府继续奉行紧缩政策，但延缓私有化计划。

2009 年，保加利亚实际国内生产总值下降 5.5%。2010 年，保经济缓慢复苏，但仍旧低于危机前平均 6% 的经济增幅。保出口与内需均疲软；而保政府实行紧缩政策，也难以扩大开支刺激公共消费。2011 年，保加利亚实际国内生产总值实现 1.7% 的增长。希腊债务危机的延宕对保经济有较大冲击。希保两国经济关系较为密切，保 10% 的出口面向希腊；保加利亚银行业 30% 的

---

① http：//epp. eurostat. ec. europa. eu/tgm/table. do？tab = table&init = 1&plugin = 1&language = en&pcode = tec00115.

② http：//epp. eurostat. ec. europa. eu/tgm/table. do？tab = table&language = en&pcode = tec00118&tableSelection = 1&footnotes = yes&labeling = labels&plugin = 1.

资产和40%的债务被希腊银行持有①。欧盟统计局预计，2012年保实际国内生产总值将增长0.5%。

2009年，捷克经济下降4.7%，但2010年起恢复增长态势，2011年又有所下降，但保持1.7%的增速；预计2012年捷克经济将下降1%。外贸在捷克经济中占有重要位置，其国内生产总值80%依靠出口实现且欧元区为主要出口市场。目前欧债危机严重影响捷出口，捷克工业生产大幅下滑。2012年9月，捷克工业生产同比上年下降7%，这是2009年10月以来最大幅度的下降。汽车与电气工业产出下降尤为显著，该两部门在2012年9月，按年度计算分别下降11.1%与15.1%。新工业订单下降5.2%，其中来自国外订单下降4.1%。捷克工业下降的关键因素是德国，捷克对其出口占总出口的30%之多。德国经济不景气，从捷克进口下滑。短期看，捷克复苏要取决于德国经济前景；而德国尽管好于其他欧元区国家，但也受阻于内需停滞。

2. "北区"国家

波兰、斯洛伐克经济在危机中呈现亮色。作为欧盟第六大经济体，波兰是2009年唯一实现经济增长的欧盟成员国，国内生产总值居欧盟第八。2010年，波经济增势不减，增幅达3.9%，居欧盟成员国首位。2011年，波兰继续保持4.3%的增速，内需与出口均强劲。2011年波兰出口比上年增加12.8%，在欧盟排名第三。受欧债危机延宕不决影响，2012年波兰经济增速放缓，

---

① EIU, *Country Report*, Bulgaria, July, 2012, p8, www.eiu.com.

预计为 2.4%。金融危机蔓延以来，斯洛伐克经济态势总体平稳，汽车产业带动工业产出，与波兰一起领跑中东欧新成员国经济增长。除 2009 年经济负增长外，迄今一直保持增长势头但增速减缓。2011 年，斯洛伐克实际国内生产总值增长 3.3%，预计 2012 年经济增长 2.2%。

危机以来，波罗的海三国较快走出衰退，持续复苏。2011 年，主要依靠出口驱动，波罗的海三国经济增长在欧洲位居前列，增速从 5.5% 到 8% 不等。2008 年，拉脱维亚经济曾遭受重创。2009 年初，欧盟与国际货币基金组织、世界银行等机构向拉脱维亚提供了 75 亿欧元紧急援助贷款。从 2011 年上半年开始，拉脱维亚国内生产总值保持了连续增长态势，出口、投资和个人消费等方面都有不同程度增长。2012 年第二季度，拉脱维亚经济增长 6.9%，增幅居欧盟成员国第一位。9 月，拉脱维亚提前向国际货币基金组织偿还了 2.16 亿欧元贷款。2012 年上半年，立陶宛国内生产总值为 201 亿美元，同比增长 3%，政府预算收入增长 8.2%。8 月份工业生产同比增长近 11%。2012 年立陶宛国内生产总值增幅将达到 2.5%。2012 年 7 月，爱沙尼亚出口总额 10.5 亿欧元，进口 11.5 亿欧元，同比分别增长 12% 和 14%。爱沙尼亚良好的投资环境吸引了外资持续流入，近 10 年来外国直接投资在爱沙尼亚的年均收益率为 11%。目前，波罗的海三国经济仍保持迅速增长。2012 年第三季度，立陶宛实际年增长率为 4.4%，在欧盟内仅次于拉脱维亚（5.3%），爱沙尼亚排名第三（3.4%）。

二、欧盟新成员国紧缩财政与恢复经济并举

欧债危机中，10 个新成员国都紧缩财政、增税，努力削减赤字与政府债务。2007 年之前，除匈牙利外，新成员国财政赤字比率都较低。危机以来由于财政收入下降但公共开支仍维持庞大格局，导致各国赤字占比上升。2008 年，上述各国财政赤字比率平均为 2.8%，2009 年升至 6.6%。各国纷纷紧缩财政、削减赤字或增税以降低赤字比率。2010 年，各国赤字比平均降到 5.6%。目前，很多国家都降至 3% 或以下，达到欧盟标准。可以看出，危机期间欧盟更加强调趋同与财政纪律，努力在核心区外控制财政局面，避免成员国都陷入过度赤字。

各国实施了激进的财政紧缩措施。2009 年，罗马尼亚削减了公共部门雇员 25% 的工资，政府还要继续削减公共部门雇员以及公共投资项目。2012 年 5 月组建的社会自由联盟临时政府计划对低收入者实行 14% 的新所得税率，但遭到国际货币基金组织反对，要求罗政府继续执行 16% 的统一税率，以稳固财政目标。罗计划 2012 年实现财政赤字占国内生产总值 2.2% 的目标。2011 年，保财政赤字占国内生产总值比例为 2.1%，达到欧盟标准。2012 年 6 月，欧盟确定保加利亚预算赤字已经达到要求，宣布结束对保加利亚为期 2 年的过度赤字程序。除预算赤字达标外，保加利亚公共债务也呈现低速增长。2011 年，保公共债务占其国内生产总值比例为 16.3%，远低于欧盟规定。捷克

政府努力紧缩支出，2012 年 1 ~ 10 月，预算赤字比上年降低了
44%。2011 年捷克赤字比率为 3.3%，2012 年预计 3.2%。斯洛
文尼亚政府则实行政府大部制改革，将原来的十多个部委减少到
十个，减少政府财政支出。斯洛文尼亚还提高退休年龄，严格控
制公共支出。在高等教育领域，斯洛文尼亚取消完全免费政策，
成绩不好的学生需要承担一定比例的学费；以前学生可以在餐馆
以不到市场价一半的价格"享用"学生餐，现在学生餐只能在
开课期间享受，晚八点以后和寒暑假期间则不能享受这一优惠。

为应对危机，拉脱维亚相继采取了一系列措施：实施强制性
措施节约财政开支；削减工资和福利待遇；降低退休金和其他福
利性开支；保持本国货币与欧元挂钩并维持固定汇率；严格遵守
财政紧缩计划，维持国内金融秩序的稳定。拉脱维亚关闭了 75
个政府机构中的半数，裁员 23000 余人，占公务员比重 29%；
2009 年平均工资削减 26%，部长带头削减 35%；设定国家公司
管理者工资上限。

目前匈牙利财政略有结余，但欧盟认为那是由于国有化了私
人养老金以及削减国家雇员工资所致。匈牙利把银行行长工资削
减了 75%，政府还计划对央行开征新税以增加财政收入。

危机来临时，不少国家提高税收。受危机冲击严重的立陶
宛、拉脱维亚、罗马尼亚、匈牙利，都提高了增值税率。罗马尼
亚将增值税税率从 19% 提高到 24%，在 10 个新成员国中提高幅
度最大。捷克政府一揽子税收改革计划于 2012 年 11 月 7 日在议
会下院经过 3 次投票才通过，但批评声不止，且该议案与对政府
信心紧密相关。税改计划包括将增值税最低与最高税率都提高一

个百分点，对高收入者征收特别税等。捷克增税是为了在 2013 年达到马约赤字标准，预计可为 2013 年增加 220 亿克朗收入（合 12 亿美元）。目前欧盟仍冻结给予捷克的部分资金也影响了政府预算目标。新税收计划还需要议会上院支持，而议会上院被左翼政党控制。左翼政党是否批准议案存疑尚多，捷克总统也批评政府提高税收，捷克政府增税计划阻力很大。斯洛伐克政府计划对高收入者征收 25% 所得税以增加税收。罗政府想提高财产税，但被宪法法院否决。

各国还大规模启动国有资产私有化，减少国家财政负担、筹集财政资金。2012 年，保加利亚启动一系列私有化大型国企的活动：6 月公开招标出售国家铁路公司（BDZ）货运服务 100% 股权，7 月出售保最大的军工企业 VMZ Sopot。保政府计划到 2012 年末出售索菲亚股票交易所国家拥有的 50.5% 股权，估价约 500 万欧元。9 月罗马尼亚最大化工企业——Oltchim 石化公司的私有化失败后，政府宣布该公司私有化将在 2013 年重新启动。政府修改了其他企业如能源部门的私有化时间表，交通部门如罗航空公司、铁路私有化计划被延后。

在紧缩财政的同时，新成员国也采取各种措施恢复经济活力，改善外商直接投资环境，降低市场准入壁垒。2012 年上半年，斯洛文尼亚政府组织召开了数次吸引外国直接投资的专项推介会。波罗的海三国计划联合实施大型项目建设以及加强金融合作。三国总理签署了关于进一步发展核电项目的备忘录。2012 年 9 月，欧洲投资基金和波罗的海三国金融机构代表在维尔纽斯签署了设立波罗的海创新基金的协议。此外，波罗的海投资基金也将于 2013 年启动，计划在未来 4 年的投资期内，通过向私募股权投资和风险投资基金注资 1 亿欧元，鼓励风险资本投资本地区中小企业①。

三、巴尔干国家凸显经济脆弱性

作为新兴市场，阿尔巴尼亚、波黑、克罗地亚、马其顿、黑山、塞尔维亚都深受国际金融危机以及欧债危机的冲击。危机中，这些国家出口下降、失业上升，外资银行大量撤资，暴露出这些国家的经济依赖性与脆弱性。巴尔干地区的实际国内生产总值在 2009 年下降 5.4%，2010 年继续衰退。2011 年这一地区缓慢复苏，平均增长 1.9%，仍低于危机前水平（见表 1）。

表 1　　　　　各国实际国内生产总值增长率（%）

	2008	2009	2010	2011	2012（预测）
阿尔巴尼亚	7.5	3.3	3.5	3.0	0.7
波黑	5.7	−3.1	0.7	1.3	−0.2
保加利亚	6.0	−5.7	0.5	1.8	0.7
克罗地亚	2.1	−6.9	−1.4	0.0	−1.5
马其顿	4.9	−0.9	1.8	3.0	0.5
黑山	6.9	−5.7	2.5	3.2	0.6
罗马尼亚	7.3	−6.6	−1.6	2.5	0.9
塞尔维亚	3.8	−3.5	1.0	1.6	−1.4
巴尔干地区	5.8	−5.4	−0.4	1.9	0.1

资料来源：Economist Intelligence Unit。

---

① http://intl.ce.cn/sjjj/qy/201210/24/t20121024_23782328.shtml.

巴尔干地区脆弱的复苏在 2011 年结束，2012 年上半年，巴尔干各国继续衰退，预计全年经济将停滞，平均增长 0.1%[①]。从表 1 看出，波黑、克罗地亚与塞尔维亚经济增速将下降；其他五国经济增速也将低于 1% 。外国直接投资减少是这里经济困境的关键因素之一。危机前，外资是经济主要引擎，但现在外资流入实际上是零。2008 年，巴尔干地区吸引外资曾达到最高纪录：365 亿美元，此后，2009 年就跌至 165 亿美元，2010 年只有 85 亿美元，2011 年上升至 112 亿美元，2012 年再次下滑，预计 97 亿美元[②]。

2011 年，阿尔巴尼亚增长快于本地区其他国家，但 2012 年第一季度经济出现下降。主要原因在于，阿尔巴尼亚的出口市场过于集中在欧盟，尤其是希腊与意大利。波黑经济也因侨汇下降以及信贷增速缓慢而受拖累。黑山的复苏步履蹒跚，经常项目赤字依旧颇大、信贷逐年缩减。由于出口需求大幅下滑、外国直接投资很少以及侨汇减少，马其顿经济增长很慢。2012 年前 9 个月，马其顿年均工业生产下降 7%[③]。克罗地亚陷入衰退已超过 4 年，内需不足、投资不足、财政紧缩以及出口下滑导致克经济难有起色。克罗地亚 90% 银行为欧元区银行所拥有，欧元区母国银行深陷债务链导致克罗地亚银行业萎靡不振。这些国家普遍存在高通胀率，一些国家甚至达到两位数的通胀率，这进一步蚕食了民众不多的积蓄，降低其生活水平。

---

① http：//country. eiu. com/article. aspx? articleid = 339757218&Country = Bulgaria&topic = E-conomy.

②③ http：//country. eiu. com/article. aspx? articleid = 339757218&Country = Bulgaria&topic = Economy November 1st 2012, *Balkans continue to underperform.*

巴尔干各国与希腊经济关联密切。黑山、马其顿、保加利亚与阿尔巴尼亚接近 10% ～12% 出口面向希腊，阿尔巴尼亚侨汇多来自希腊，在希腊的移民中大约 2/3 来自阿尔巴尼亚。马其顿、塞尔维亚则由于外资大量抽走影响经济，目前，巴尔干各国金融压力沉重。在巴尔干地区的希腊银行分支机构撤资或资产缩水成为这一资金链断裂的主要环节。希腊银行占这一地区金融市场份额约 20%。希腊银行部门声称到 2011 年 12 月，其在罗马尼亚、保加利亚缩减了 25% 的资产，在塞尔维亚缩减 18%。

四、社会贫困化严重

欧债危机使一些欧元区国家内贫困率快速上升。2009～2011 年，欧盟贫困人口上升了 5%，有 4200 万人属于贫困人口。预计 2013 年还将上升。儿童更易受贫困冲击。目前，欧盟有 27% 的儿童生活在面临贫困危险的家庭里，同时有 23% 的工作人口与 20% 的退休者陷入贫困。此外，青年人没有工作也陷入贫困。15～24 岁人口失业率在希腊、西班牙超过 50%，斯洛伐克、葡萄牙、意大利、爱尔兰超过 30%。在希腊，国家支付的养老金削减 60%，退休者贫困化风险更大。

危机期间，欧盟贫困率上升①，危及政治社会稳定。2011 年，欧盟成员国决定向最贫困人口实施粮食分配计划（MDP），

---

① 欧盟的贫困线为收入低于平均收入 60% 或劳动力人口工作时间少于标准时间的 20%；还有就是"物质严重匮乏"的人，如无力提供每年一周假期、没有汽车或者营养足够的饮食等。

由各国慈善团体负责发放，计划到2013年底期满。美国2012年夏大旱导致粮食价格进一步高企，欧盟贫困化现象严重。2012年10月，欧委会建议2014年启用新计划（FEAD），新计划不仅提供食物，还包括贫困人口的其他必需品，如衣物等。而成员国都在紧缩财政、削减福利，欧盟新财年的预算谈判也面临阻力，净贡献国一再要求欧盟削减财政支出。德国建议裁减此项预算，因为欧盟几乎完全承担老预算而成员国没有任何负担。新计划中成员国被要求配备FEAD 15%的资金，但这对成员国来说也是问题：各国已经削减预算几乎到尽头了，新负担让饱受衰退的国家非常头疼。在此背景下，新计划目标宽泛但预算变少，2014～2020年预算为25亿欧元，较之老计划"MDP"平均每年减少30%。而2013年"MDP"预算为5亿欧元，仅占2013年欧盟总预算的0.33%。

目前欧盟老成员国中，希腊贫困人口比例为31%，爱尔兰30%，西班牙27%，三国贫困率较高。欧盟新成员国的生活标准本来就远低于欧盟老成员国标准，危机前贫困人口比例就一直处于高位，现在则更高。2011年，保加利亚贫困人口接近其总人口的一半，拉脱维亚与罗马尼亚贫困人口占比超过40%，立陶宛与匈牙利超过30%。

在欧盟内部，贫困人口尚能得到欧盟财政的微薄救助，而没有加入欧盟的巴尔干国家，相比之下情形就糟糕得多。危机令巴尔干地区过去十年多的增长陷入停滞，贫穷与失业猛增。巴尔干成为欧洲失业率与贫困率最高的地区。整个巴尔干地区大约

25%的劳动力失业，比西欧平均水平高出一倍①。塞尔维亚、波黑以及黑山在2011年失业率甚至高于危机前。贫困与失业上升使巴尔干存在成为欧洲新贫民窟的风险。

五、结论

目前，10个欧盟新成员国基本克服危机，开启了增长阀门。巴尔干各国则还需努力走出衰退阴影。波罗的海三国与波兰、斯洛伐克增长稳定；保加利亚经济成本高结束上升走势；匈牙利高债务以及政府不可信使其经济风险在增大；罗马尼亚政府与欧盟冲突以及内部政局变数影响经济发展环境。从金融领域看，匈牙利、斯洛文尼亚最易受欧元区危机冲击，其次分别为克罗地亚、阿尔巴尼亚、塞尔维亚。

近期，欧盟2014～2020财政预算讨论未能达成协定，英、荷等净贡献国继续要求削减支出300亿欧元，而此前欧盟修订的预算案已经削减了800亿欧元，目前只有9720亿欧元的预算案。鉴于一些成员国近期举行议会选举，政府面临重组，下一轮预算讨论应在2013年初举行。成员国由于债务危机、经济衰退而不愿承担更多贡献。削减主要集中于农业补贴、凝聚基金等，这是新成员国不愿意看到的。英国还要求削减欧盟层面的行政管理成本。入盟以来，新成员国从欧盟资金中获益匪浅。现在欧盟也面

---

① *Balkan politics and the euro zone crisis*. http://country.eiu.com/article.aspx? articleid = 1659118950&Country = Bulgaria&topic = Economy&oid = 1579172142&aid = 1，June 14th 2012.

临紧缩财政压力，这对新成员国未来 7 年能从欧盟得到多少财政资助并非是个好消息。

欧债危机不仅对中东欧、巴尔干各国造成经济影响，而且也造成了一些社会政治影响。各种影响冲击着欧盟一体化进展与欧洲的繁荣、稳定。尽管在匈牙利等国家，一些极端政党入选议会。但塞尔维亚还是举行了平和的议会与总统选举，主要的新法西斯政党失去在议会的所有席位。说明危机并未导致巴尔干国家政治生活趋向极端。罗马尼亚被看做是巴尔干传统上的不稳定国家，其内政在 2012 年 12 月 9 日会初见分晓。在回归欧洲的道路上，欧盟新成员国以及巴尔干国家还欠缺经验，缺少完善的官僚体系，还存在民族与边界争端、民主依然脆弱以及人民高度不满的腐败现象。如何在欧债危机拖延不决情况下保持新成员不断趋同与追赶，维持巴尔干的和平稳定，这些挑战都考验着各国政治家以及欧盟治理的智慧。

"后动荡时代"的中东形势

◎ 田文林

中东剧变已进入了"后动荡时代"。困扰中东国家发展的若干深层次问题日渐凸显：世俗与宗教的矛盾日渐加剧，经济每况愈下，民生问题雪上加霜。中东剧变使该地区进入了一个前所未有的"无极时代"，阿拉伯世界整体影响力下降，伊朗、以色列、土耳其等地区大国都很难在地区事务中发挥主导作用。外部势力的介入，特别是西方国家强力干预使中东剧变日渐演变为中东乱局，其中矛盾错综复杂，前景扑朔迷离。部分地区热点问题随时可能出现失控危险。

始自 2011 年的中东剧变使中东发生近几十年未有之大变化。目前，尽管这场剧变"余震"不断，但总体看，中东地区日渐进入"后动荡时代"。这场剧变对部分中东国家国内政治和地区格局的影响正在逐步显现。

一、阿拉伯世界步入重建与转型的深水区，
若干结构性难题日趋凸显

在这场前所未有的中东剧变中，该地区盛行多年的威权政体风光不再，不少国家政权崩溃（如突尼斯、埃及、利比亚、也门等）或政局岌岌可危（如叙利亚），中东进入破旧立新的政治重建阶段，即便那些政局暂时平稳的国家也纷纷加大改革力度。随着中东政治转型步入"深水区"，困扰国家发展的若干深层次问题日渐凸显。

首先，民主转型导致世俗与宗教力量博弈日趋加剧。中东剧变本来是一场寓意深刻、内涵丰富的社会政治变革，但由于种种原因，这场剧变日渐被引导为"民主与专制"的对决，似乎只要阿拉伯国家由威权走向民主，阿拉伯世界的诸多问题便可迎刃而解。但当前利比亚、也门、埃及等国的政治转型实践表明，民主并未解决导致阿拉伯民众起身造反的深层矛盾，使阿拉伯民众真正享受到政治变革带来的好处，反使这些国家潜在的"政治/社会撕裂"公开化。其中最典型的就是世俗与宗教势力的矛盾日趋加剧。

中东世俗威权政体垮台，使蛰伏多年的政治伊斯兰势力成为最大赢家。如摩洛哥众议院于 2011 年 11 月 25 日举行大选，伊斯兰政党"正义与发展党"获得 395 席位中的 107 席，大大领先于其他各政党。在突尼斯，2011 年 12 月 14 日复兴党党魁杰巴利

被选举为过渡政府总理。在埃及，2012 年 6 月 24 日举行的总统大选中，"自由与正义党"的穆尔西（隶属穆斯林兄弟会）当选为埃及新总统，使该国首次出现穆兄会掌权的前景。在利比亚，曾经长期被压制的伊斯兰极端势力乘机坐大，利比亚执政当局目前两个最主要的军事力量都是伊斯兰势力。的黎波里实际掌控者、军事委员会主席贝尔哈吉和东部城市德尔纳军事委员会负责人哈萨迪，均是前极端组织利比亚"伊斯兰战斗团"领导人。在叙利亚，反政府武装中实力最强大的"叙利亚自由军"中，伊斯兰分子占据主导地位，因此叙现政权一旦垮台，该国同样可能出现伊斯兰势力掌权的态势[1]。西方学者认为，"阿拉伯之春"已演变为"伊斯兰之年"[2]。"阿拉伯之春"正变成"伊斯兰觉醒"[3]。

政治伊斯兰势力在中东舞台影响力上升，以及政策主张的伊斯兰化趋势，引发世俗力量的高度警惕和强烈反弹。多数中东国家长期是世俗力量掌权，政教分离观念深入人心，因此世俗与宗教势力的较量日趋成为中东政治生态中的新景象。以埃及为例，穆尔西胜选上台后，穆斯林兄弟会势力初步掌握了国家最高行政权力，但军队、司法体系乃至主要行政机构中，仍是穆巴拉克时期的原班人马。双方互不买账，围绕权力分配、人民议会合法性、宪法制定等问题明争暗斗，致使新宪法制定和议会选举长期

---

① M. R. KHAN, Political Islam, Democracy and Arab Spring, Air Power Journal Vol. 6 No. 4, WINTER 2011（October – December）, p. 121.

② Yoel Guzansky and Mark A. Heller Edited, "One Year of the Arab Spring: Global and Regional Implications", Institute for National Security Studies, Memorandum No. 113, March 2012, p. 11.

③ Michael A. Lange, "After the Arab Spring: Political Is lam on the Rise?", KAS INTERNA-TIONAL REPORTS 4/2012.

处于悬置状态。2012 年 11 月 22 日，穆尔西颁布新宪法声明，规定在新宪法颁布和新议会选出之前，埃及法院无权更改总统法令，并宣布解除总检察长职务，但此举引发埃及司法界及众多反对派抗议，支持与反对穆尔西的民众同时上街游行示威，埃及出现自"一·二五革命"后最严重的政治危机。

长远看，这种世俗与宗教力量的对立，使部分转型国家抗议和冲突层出不穷，同时也使越来越多的民众对民主转型本身感到失望和厌倦。统计表明，1960 年以来，全球共有 103 个国家发生民主转型，其中 57 国转型成功，另外 46 国出现停滞。阿拉伯世界的多数国家实际并不具备推行民主政体的物质和精神条件（如较高的经济发展水平、教育程度、国族整合度等）①，由此决定了阿拉伯国家的民主转型注定将漫长坎坷，从而使"阿拉伯之春"日趋演变为"阿拉伯之秋"，乃至出现"阿拉伯之冬"，甚至不排除产生新的"失败国家"的可能。

其次，能否摆脱经济困境成为未来主要难题。经济困顿是当初导致阿拉伯民众起身造反的主要动因。究其根源，很大程度是这些国家长期推行新自由主义政策，由此导致经济"去工业化"，从而使国家日趋被固定在产业链下游位置。埃及著名学者萨米尔·阿明就曾指出："贫困和大规模失业成了采取新自由主义政策后的正常结果。这些都为此次变革提供了客观条件②。"不言而喻，这些阿拉伯国家的破旧立新过程，本身就包含着发展

---

① 联合国有关报告曾指出，阿拉伯世界在民众自由、政治权利、教育、男女平等、经济生产率等方面，均严重落后于世界其他地区。参见 Efraim Inbar，"Israel's National Security Amidst Unrest in the Arab World"，*The Washington Quarterly*，Summer 2012，p. 60。

② ［埃］萨米尔·阿明："阿拉伯革命：一年之后"，《国外理论动态》2012 年第 7 期。

经济、改善民众的诉求。而要真正摆脱经济困境，根本办法是修正既往经济路线，重启"再工业化"战略。而要实现真正经济变革，前提就是要有真正意义的政治革命（即代表先进生产力的阶级取代落后的统治阶级），唯有如此才可能更换落后发展思路，变革不合理生产关系。

但阿拉伯剧变无论范围还是程度，都是一场不彻底的变革。在22个阿拉伯国家中，实际只有6个国家经历了大动荡，其中两个国家（突尼斯与利比亚）原政权被推翻；另外两个国家（埃及和也门）领导人被罢黜，原政权主要成分依然被保留下来；一个国家（叙利亚）政府与反对派之间仍处在拉锯状态；一个国家（巴林）的政治动荡则已被镇压下去[①]。即使在那些看似天翻地覆实现了政权更替的国家，也并未出现代表先进生产力和意识形态的阶级掌权的革命。大众参与和民主选举看似使普通民众呼声得到关注，但实际仍是深受西化价值或传统宗教影响的上层精英得势，中下层民众及其政治主张仍被排除在权力体系之外。例如，突尼斯2011年10月大选，实际只是为右翼阵营上台清理了道路——包括复兴党和自称为布尔吉巴主义者的政客，这些人之前是本·阿里政权的追随者。这些西方"民主革命"的支持者，同时也是新自由主义的热情支持者。

这种变革的不彻底性决定了这些国家的社会经济政策，只能是"换汤不换药"，既不会变革生产关系，也无意或无力摆脱导致阿拉伯国家依附性发展的新自由主义发展思路。例如，突尼斯

---

① Yoel Guzansky and Mark A. Heller Edited, One Year of the Arab Spring: Global and Regional Implications, Institute for National Security Studies, Memorandum No. 113, March 2012, p. 7.

革命后仅仅满足于批判警察镇压制度，以及对由总统家庭成员控制的所有"王室"产业征税，而没有挑战本·阿里时代的依附型发展模式，反而认为这种模式"有效"，公众也没有认识到正是这种依附型发展的模式导致了社会恶化，进而导致大规模的起义的爆发①。埃及也是如此。在穆斯林兄弟会的政治文化中，仅仅满足于承认伊斯兰关于私有财产观念的"合法性"与"自由"市场的关系，而不考虑这些活动的本质，这些基本经济活动无力推动国家经济发展②。这种阶级局限性决定了中东剧变很难衍生出新的发展模式，更不可能使阿拉伯经济出现飞跃式发展。

相反，持续动荡使中东转型国家经济每况愈下，民生问题雪上加霜。例如，埃及自2011年以来经济增长率下降2个百分点，通胀率增加20%，埃镑对美元贬值10%，作为经济支柱的旅游业一蹶不振。根据埃及财政部报告，到2012年5~7月，埃及预算赤字在GDP中的比重同比增长8.8%，达1365亿埃镑。2011年1月至2012年7月，埃及外汇储备从360亿美元降至144亿美元③。目前，埃及每月至少需要10亿~20亿美元④。在这种情况下，埃及不得不到处"化缘"，对西方国家及海湾富国经济依赖加重。穆尔西上台前，穆兄会一直反对从国际货币基金组织贷款，但穆尔西上台后不得不积极与国际货币基金组织谈判，以期获得40亿美元贷款，由此使埃及当政者的实际政策与前政权的

①② ［埃］萨米尔·阿明："阿拉伯革命：一年之后"，《国外理论动态》2012年第7期。

③ Niveen Wahish, "The IMF loan, encore", *Al – Ahram Weekly*, 30 August – 5 September 2012, Issue No. 1112.

④ Spengler, "Palestinians ditched; Egypt next?" *Asia Time Online*, Sep 29, 2012.

资本主义实践几乎没有区别①。这种状况使其更加依附发达国家经济体，经济重振短期无从谈起。

二、地区力量日趋失衡，中东出现"无政府状态"和"无极时代"

长期以来，阿拉伯世界、土耳其、伊朗、以色列构成中东地缘版图的四大力量极。这些力量极之间既相互制约又相互依存，使地区格局呈现"多极化"态势，并大体运行平稳。然而，中东剧变将该地区脆弱的政治生态打破，地区格局日趋"权力碎片化"，并正在进入一个前所未有的"无极时代"。

首先，阿拉伯世界影响力整体下降。在中东地区，阿拉伯世界人口最多，疆域最大，资源最丰富，过去一直是中东政治舞台上的绝对主角。但近几十年，阿拉伯世界影响力整体开始走下坡路。而 2011 年中东剧变又是典型的"阿拉伯剧变"，受到这场动荡冲击的基本都是阿拉伯国家，这表明阿拉伯世界内部弊端丛生（如经济落后、贫富分化、政治独裁等），已到无法自行调和的程度。未来相当长时期，"动荡"与"转型"将是阿拉伯国家的主题词，由此使部分阿拉伯国家行为日趋"内向化"，无暇在地区发挥主导作用。埃及曾是阿拉伯世界领头羊，但 2011 年埃及政权更替后，国内权力斗争不断，外汇短缺、经济下滑、资本

---

① Khalil Al – Anani, "Islamist economic strategies and policies", *Al – Ahram Weekly*, 30 August – 5 September 2012, Issue No. 1112.

外逃、失业上升等难题凸显，所有这些极大限制其在地区事务中一争雄长，只能奉行模棱两可的模糊政策①。相较而言，海湾国家在阿拉伯世界影响力相对上升。这些国家奉行高福利政策，并在中东剧变中"用钞票换平安"，花费约 1600 亿美元用于各种补贴②，由此暂时躲过"政权更替潮"。目前，海湾国家经济实力可观。从 2000 年到 2012 年，整个中东年均收入增长为 3.5%，而海合会国家为 5%，卡塔尔达到 13%。海湾国家银行总储备达 10 万亿美元。埃及 50% 的股票为海湾国家所有，约旦 75% 的股票为卡塔尔和阿联酋所拥有。经济优势使海湾国家与其他阿拉伯国家日渐形成依附与被依附关系③。从实践看，海湾国家在当前中东剧变中表现活跃，在利比亚、也门、巴林、叙利亚等国政局演变进程中，处处可见海湾国家的身影。

然而，这些海湾君主国先天缺陷明显（如军事实力孱弱、经济结构单一、政体落后、小国寡民等），由此决定了这些国家"富而不强"，难以成为独当一面的地区力量极。联合自强是阿拉伯世界走向复兴的前提，分裂则是阿拉伯世界走向衰落的祸端。而海湾国家由于政体和意识形态落后，经济利益与西方捆绑密切，因此其外交重点就是与西方联手，"围殴"利比亚，打压叙利亚。但这种地区政策只会加剧阿拉伯世界分裂和动荡，削弱阿拉伯世界影响力，因此海湾国家很难承担起带领阿拉伯世界走

---

① L. Lavi, Egypt's Foreign Policy Under Muhammad Mursi: Trying To Please Everybody, The Middle East Media Research Institute, Inquiry & Analysis Series Report No. 899, November 14, 2012.

② Yoel Guzansky and Mark A. Heller Edited, One Year of the Arab Spring: Global and Regional Implications, Institute for National Security Studies, Memorandum No. 113, March 2012, p. 47.

③ Mehran Kamrava, Middle East's Changing Geopolitics, http://www.irdiplomacy.ir/en/page/1907946/ Middle + East%E2%80%99s + Changing + Geopolitics. html.

向复兴的重任。

其次，伊朗地缘环境日趋艰险，未来前景充满不确定性。2011 年中东剧变之初，由于受到冲击的主要是亲美反伊国家，因而伊朗地区影响力更趋增强。然而，随着中东剧变向纵深发展，伊朗地缘环境日趋艰险。一是叙利亚危机使伊朗地缘环境面临前所未有的威胁。叙利亚是伊朗最重要的地区盟友，随着叙利亚危机升级，尤其是如果巴沙尔政权垮台，叙利亚很可能出现逊尼派掌权的前景，并可能在未来投入西方和海湾国家怀抱，伊朗不仅失去最重要的地区盟友，还会使伊朗与真主党之间的联系纽带被切断，使伊朗多年苦心经营获得的地缘政治优势将转瞬化为乌有。即使巴沙尔保住政权，其实力也将大为削弱，而且叙利亚危机持续时间越长，伊朗与阿拉伯国家关系就越是疏远①。由于叙利亚危机的深化，以及阿拉伯政权更替并未导致这些国家更加同情伊朗。因此有分析认为，伊朗是除了倒台的阿拉伯政权之外的第二大输家②。二是西方对伊朗制裁力度日趋加大。进入 2012 年后，西方对中东的关注重点日趋由"阿拉伯之春"转向伊朗核问题。美国为首的西方国家对伊朗能源、金融等领域进行前所未有的严厉制裁，由此导致伊货币大幅贬值，石油出口明显下降，通货膨胀严峻，伊朗经济发展受损明显。目前，美国显然已将能源和金融制裁视为对付伊朗的主要法宝，未来可能继续加大制裁力度。由此使伊朗经济面临更严峻考验。三是以色列对伊朗

---

① Yoel Guzansky and Mark A. Heller Edited, One Year of the Arab Spring: Global and Regional Implications, Institute for National Security Studies, Memorandum No. 113, March 2012, p. 40, p. 44.

② Arab Revolutions and Geostrategic Balances, Interactions, Arab Center for research and policy studies, August 2012, p. 33.

动武可能性增大。伊朗伊斯兰革命卫队司令穆罕默德·阿里·贾法里 9 月 22 日公开称，以色列对伊朗的战争"终将发生"。分析认为，一旦以色列空袭伊朗，伊朗可能封锁霍尔木兹海峡，但此举将招致美国摧毁伊朗常规军事力量和基础设施。这将损害伊朗政府威信，伊朗在伊拉克和叙利亚的影响力也将消失①。总之，由于种种外部因素制约，伊朗前景充满不确定性，未来很难在地区事务中发挥主导性作用。

第三，以色列在中东更趋孤立，安全挑战日趋严峻。近些年，由于以色列在中东屡屡恃强凌弱，导致地区盟友越来越少。中东剧变前，以色列与土耳其因加沙救援船事件双方交恶，以色列失去一大重要传统盟友。中东剧变后，以色列地缘环境雪上加霜，成为中东剧变的最大失意者。

一是埃及与以色列关系变数陡增。埃及是以色列在阿拉伯世界建立外交关系的最主要国家，埃以关系是保障以色列安全的基本前提。穆巴拉克政府垮台后，埃及对以色列日渐疏远，出现了动摇埃以关系根基的事件，如开放与加沙地带连接的拉法口岸，停止向以色列低价提供天然气，埃及民众冲击以色列驻埃使馆，部分人士质疑埃以和平协议的合法性等等。2012 年 6 月穆斯林兄弟会背景的穆尔西当选埃及总统后，甚至公开拒绝接受以色列总理内坦尼亚胡的祝贺，埃以关系前景更加黯淡。一旦埃及对以色列彻底翻脸，可能在阿拉伯世界引发"多米诺效应"，使以色列重新回到腹背受敌的险恶处境。

---

① Spengler, "All – out Middle East war as good as it gets", *Asia Times Online*, Sep 18, 2012.

二是巴以力量对比朝有利于巴勒斯坦的方向发展。中东剧变后，巴勒斯坦外部生存环境明显改善（特别是哈马斯）。新的阿拉伯当权者或幸存的国家领导人对民众在巴勒斯坦问题上的诉求日趋敏感和关注。"阿拉伯起义使巴勒斯坦事业在地区政治中位置更加突出①。"没有哪个阿拉伯国家敢公开采取敌视哈马斯、亲近以色列的政策。尤其埃及穆兄会与哈马斯具有天然亲缘关系，"自由与正义党"显然更支持哈马斯，而不是法塔赫②。哈马斯外部环境改善，打破以色列在巴以问题上"一枝独大"局面。2012 年 11 月 14 日以来，以色列与哈马斯发生持续 8 天的军事冲突，以色列虽凭借军事优势在加沙造成上千人伤亡，但该事件使哈马斯政治影响力陡增，以色列"封杀"哈马斯计划彻底破产。与此同时，巴解组织领导人阿巴斯不顾以色列阻拦，向联合国提交成为联合国观察员国的申请，并于 11 月 29 日获得通过，由此巴勒斯坦国际地位进一步改善。巴以力量"再平衡"使以色列"一言堂"局面不复存在，巴以问题发展态势日趋超出以色列控制范围。

三是伊核威胁使以色列面临前所未有的安全两难。中东剧变以来，西方对主动放弃大规模杀伤性武器的卡扎菲政权发动军事打击的教训，以及叙利亚危机可能导致伊朗失去一大地缘缓冲地带的担心，促使伊朗核立场更加坚定，并埋头加速推进其核计划。伊朗高官称，西方最严厉经济制裁未能动摇伊朗核立场。以色列总理内塔尼亚胡 2012 年 9 月 16 日称，伊朗将在 6～7 个月

①②　Robert G. Rabil, " Arab Uprisings Boost Israel's Enemies", *The National Interest*, Sept - Oct Issue.

后实现拥有制造核武器所需的 90% 的原料。10 月 8 日，美国智库"科学与国际安全研究所"发表报告称，伊朗能够在 2～4 个月内生产出用于制造原子弹的武器级铀，并能在 10 个月造出核武器。伊朗议员也提出应给水面舰艇和潜艇提供核燃料，提炼 50%～60% 的浓缩铀，这意味伊朗有意将核能力应用于军事目的①。伊朗总统内贾德多次公开痛批以色列，并称其终将被"消灭"。所有这些使以色列面临来自伊核能力的安全威胁日趋增大。由于美国无意对伊发动军事打击，拒绝为伊核计划设置"红线"，2012 年 9 月美国民调也显示，70% 美国人反对在未得到联合国安理会授权情况下军事打击伊朗。以色列面临要么冒险对伊朗单独动武，要么与有核伊朗共处的两难处境。以色列面临更多地区孤立、更多恐怖威胁，以及有核伊朗威胁的前景②。这些挑战迫使以色列尚未摆脱不被阿拉伯国家承认的"合法性危机"，又面临来自伊朗的"生存威胁"。在此背景下，以色列根本顾不上在地区事务发挥更大影响力。

第四，土耳其可能由中东剧变的大赢家变成大输家。土耳其本来是此轮中东剧变的主要受益者，在硬实力方面，土耳其相对于阿拉伯诸国的优势更趋明显；在软实力方面，"土耳其模式"对转型中的阿拉伯国家的吸引力增强。此外，从国际方面看，阿拉伯亲西方国家政局动荡，使土耳其在西方特别是美国战略棋盘

① A. Savyon, Y. Carmon, & Y. Mansharof, "Tehran Declares Intent To Enrich Uranium To 90% For Military Purposes", The Middle East Media Research Institute, September 27, 2012.

② Efraim Inbar, "Israel's National Security Amidst Unrest in the Arab World", *The Washington Quarterly*, Summer 2012, p. 59.

中的重要性日趋上升①。但优势明显情况下，土耳其一改此前稳健的"与邻国零问题"外交，转向在中东鼓吹"民主、自由"，在部分中东国家积极策动政权更替。例如，埃及变局后，土耳其总理埃尔多安是第一个要求穆巴拉克总统下台的外国领导人；利比亚发生政治动荡后，土耳其虽然不是最早介入，却对利比亚反对派支持力度甚大；叙利亚出现政治动荡后，土耳其除公开要求巴沙尔下台，还扶植叙反对派，充当"叙利亚全国委员会"大本营，为"叙利亚自由军"提供各种支持。土耳其试图借此扩大自身影响，但其外交新政负面效应明显。

一是与叙利亚存在擦枪走火可能。土叙关系此前非常和睦，但叙利亚爆发危机后，土耳其公开要求巴沙尔下台，并积极扶植叙利亚反对派，这种"外交新政"直接开罪叙利亚政府。2012年6月，叙利亚借口土耳其战机越境，击落一架土耳其战机。同年10月，因土耳其边境遭叙利亚一侧炮击，由此引发土耳其军事报复，土议会还授权埃尔多安政府可发动越境军事行动，土叙存在擦枪走火、爆发地区战争的危险。二是库尔德人问题隐患凸显。为报复土耳其，巴沙尔放任东北部库尔德人自治。2012年7月，经伊拉克库尔德区政府主席巴尔扎尼调停，叙利亚库尔德族原来两大政治派别实现联合，成立"库尔德最高委员会"，军事上由土耳其库尔德工人党（PKK）的分支——民主同盟党（PYD）主导。由于土耳其在叙利亚问题上变脸，伊朗转而与2011年夏天捕获的PKK重要领导人穆拉特·卡拉伊兰达成"互

---

① Yoel Guzansky and Mark A. Heller Edited, One Year of the Arab Spring: Global and Regional Implications, Institute for National Security Studies, Memorandum No. 113, March 2012, p. 58.

不侵犯协定"，并将其释放，鼓励他率领 PKK 进攻土耳其境内目标。叙利亚、伊拉克、伊朗联手助推，使土耳其境内的库尔德人重趋活跃。土耳其境内库尔德族人口最多、比率最高（20% 左右），一直是土耳其最头疼的事，如果叙境内库尔德人失控，很可能与土耳其库尔德人形成共振，使土耳其成为地缘格局重组的最大牺牲品。三是引发阿拉伯国家猜忌和国内民众反对。由于阿拉伯世界历史上曾遭受土耳其统治，因而土耳其在中东扩大影响，很容易激起阿拉伯国家痛苦记忆和疑惧心理。土耳其以"民主、自由"为主基调的中东新政，使其与西方国家外交政策相似乃尔，在感情上不易被中东国家接受，因而影响其扩大地区影响力。在土耳其国内，政府支持叙反对派政策遭到国内 50 万阿拉维派的强烈反对。土耳其《国民报》2012 年 9 月 19 日公布的民调显示，逾八成土耳其民众要求政府放弃介入叙利亚。此外，土耳其对叙利亚政局推波助澜，造成 50 多万叙利亚难民逃离本国，其中半数难民涌向土耳其，由此土耳其财政、治安面临巨大压力。土耳其"外交新政"负面效应使该国政府进退两难。土耳其议员坦勒库卢认为，"我们在这场冲突中已被深深卡住，没有走出来的通道"。这种政策困境决定了土耳其很难主导"新中东秩序"，甚至可能由中东剧变最大赢家变成最大输家。

三、内外干涉使"阿拉伯之春"偏离既定方向，
"中东剧变"日趋演变为"中东乱局"

阿拉伯剧变使中东地区对外防范能力降至历史最低点，由此

为西方借机在中东"低成本扩张"、重塑地区格局提供难得机会。出于自身利益考虑，西方国家在短暂观望后，明显加大了对中东剧变的干预力度。一方面，尽量扶植亲西方势力，对中东亲西方国家视情况发展采取不同政策。对那些当权者权力基础暂时平稳的国家（如沙特、巴林等），西方国家尽量帮衬，对当权者镇压民众抗议的举动睁一眼闭一眼（如沙特和阿联酋联合出兵帮助巴林镇压什叶派民众抗议），如果当权者大势已去（如埃及和也门），西方则顺水推舟，支持抗议民众诉求，同时通过提供经济援助和贷款等"胡萝卜"，诱使这些国家继续沿着西方设定的轨道前进。例如，2012 年 9 月初，国际货币基金组织（IMF）代表团访问埃及，为埃及提供了 49 亿美元贷款，此前 IMF 已同意为约旦和摩洛哥分别提供 20 亿美元和 60 亿美元贷款，超出其配额的 3 倍[①]。IMF 和世界银行加大对中东转型国家贷款，实际是要确保这些国家继续留在西方经济体系之内。另一方面，对不听西方号令的"激进国家"，则不遗余力地鼓动民众反抗政府，支持和武装这些国家反对派，竭力渲染政府"镇压暴行"，直至直接采取军事行动。迄今为止，西方已通过武力干涉方式推翻了利比亚卡扎菲政权，此后又如法炮制，通过经济制裁、外交孤立、武装叙利亚反对派乃至军事威胁方式，试图迫使叙利亚巴沙尔政权下台。很显然，西方围剿叙利亚实际也是为整肃伊朗做铺垫。一旦巴沙尔政权垮台，伊朗很可能成为下一个围剿目标。

西方在中东的外交和军事干预行动，得到沙特、卡塔尔等地

---

① Niveen Wahish, "The IMF loan, encore", *Al-Ahram Weekly*, 30 August - 5 September 2012, Issue No. 1112.

区保守势力的积极配合和支持。由于海湾国家对伊朗、叙利亚等地区激进势力始终心存忌惮，按照"敌人的敌人就是朋友"这种外交思维，海湾国家与刻意削弱、颠覆中东激进政权的西方共同语言越来越多。由此不难理解，海湾国家在中东剧变中一旦站稳脚跟后，海湾国家把持的阿盟对西方干预激进国家内政非但不加阻止，反而积极扮演助手和随从角色。2011年3月，阿盟积极推动联合国通过制裁卡扎菲和在利比亚设立禁飞区决议，这为后来西方对卡扎菲进行军事打击提供了可乘之机。阿联酋、卡塔尔等海湾小国甚至直接出兵参与"围殴"卡扎菲军事行动。此后，这派势力又积极插手叙利亚事务，支持叙利亚反对派，如卡塔尔公开为叙利亚反对派提供资金和武器，并试图在叙利亚发挥与在利比亚类似的作用①，目的就是在叙利亚策动政权更替。这种"拉偏架"做法使叙利亚动荡局势始终难以平息。

中东剧变本来是一场带有谋求国富民强色彩的、具有历史进步意义的社会政治运动，但由于内外保守势力联合干预，尤其是西方借政治干预谋求霸权，使中东剧变和政治转型日趋偏离既定方向，呈现出政治保守化和局势无序化趋势。

一是伊斯兰极端势力借势扩张。中东的世俗民族主义政权（如利比亚和叙利亚），与极端宗教势力水火不容，客观上起到帮助弹压"基地"组织的作用。但西方与海湾国家在这些国家策动政权更替，使这些国家出现政局动荡和权力真空，为极端宗教势力复苏和蔓延提供难得机遇。一方面，一些国家恐怖势力从

---

① Immanuel Wallerstein, The Geopolitics of Arab Turmoil, *Al Jazeera Centre for Studies*, September 2012.

无到有，由弱到强。叙利亚过去一直与恐怖主义绝缘，但自
2011 年该国陷入动荡以来，外国宗教武装分子通过各种渠道涌
入叙利亚。"叙利亚自由军"中许多成员就是宗教极端分子，来
自摩洛哥、阿联酋、埃及、利比亚、阿尔及利亚、摩洛哥，乃至
索马里和车臣共和国等不同国家。这些人有的隶属"基地"组
织北非分支"马格里布基地组织"，有人效忠塔利班。"基地"
组织参与叙境内反政府暴力活动，目的就是散播恐怖，制造教派
冲突，以使叙利亚成为另一个"伊拉克"。利比亚情况类似。
2011 年利比亚动荡前，该国主要圣战组织"利比亚伊斯兰战斗
团"（LIFG）原来已经销声匿迹，但该国政治动荡使该组织重趋
活跃，该组织领导人阿卜杜拉·哈卡米·本哈杰还成为的黎波里
军事委员会的领导人。其他圣战组织也开始涌现①。2012 年 9 月
11 日美国驻利比亚大使遇袭身亡，据称就是极端宗教分子所为。
"基地"组织利用阿富汗和伊拉克等国扩展影响力的"东进战
略"，日趋被在非洲撒哈拉和马格里布等地区扩展影响的"南下
战略"取代②。另一方面，那些本就存在恐怖分子活动的国家，
恐怖活动则愈演愈烈。也门最为典型。中东剧变前，也门就是恐
怖主义重点经营地区。中东剧变后，也门政局动荡使"基地"
组织阿拉伯半岛分支乘机扩张势力，占领南部多个城市。有资料
称，也门境内"基地"组织武装人员保守估计有 3000～5000 人。
美国外交关系委员会主席哈斯认为，本·拉登虽然死了，但

① Zelin, "Jihadism's Foothold in Libya", The Washington Institute for Near East Policy, September 12, 2012.

② Ahmed Charai, Joseph Braude, "Al Qaeda's Resurgence", *The National Interest*, Sept – Oct Issue, 2012.

"基地"组织及其分支机构仍然活跃。弱势国家（如索马里、也门、巴勒斯坦）成为孕育恐怖主义的温床，战乱国家（如叙利亚、阿富汗和伊拉克）则成为激进分子演变为恐怖分子的磁场和学校[①]。

中东剧变后，极端恐怖势力日趋成为继中东国家和西方之外的"第三种势力"，由于其袭击目标无所不包，袭击手段无所不用，破坏效果无所顾忌，这种非传统安全威胁升级，令中东权力格局更趋碎片化，同时也使西方面临新的安全威胁。当年西方出于抗击苏联等实用主义考虑，刻意扶植本·拉登以及塔利班等伊斯兰势力，结果养虎遗患，面临反噬的危险。当前西方在中东强行推动政权更替，在削弱来自中东世俗民族主义政权的传统安全的同时，又遭遇来自伊斯兰主义的非传统安全威胁。

二是中东新热点不断涌现，叙利亚危机外溢效应明显。2011年中东剧变后，由于内外势力推波助澜，该地区许多原本政局平稳的国家（如利比亚和叙利亚）日益成为中东地区新的火山喷发口。其中尤以叙利亚危机最为典型。自2011年3月叙利亚出现国内动荡至今，叙利亚危机已持续20多个月，并日趋由政治抗议演变为局部武装冲突，直至发展为全面内战。截至2012年12月，叙利亚危机已造成大约4万人死亡，300多万人沦为难民。叙利亚危机成为中东剧变以来动荡时间最长、代价最为惨烈的地区新热点。叙利亚危机持续动荡不仅在叙利亚国内造成巨大代价，而且外溢效应十分明显。一是难民问题冲击邻国政局稳

---

① Richard N. Hass, "The legacy of the 9/11 terrorists", http：//www.cfr.org/united‑states/legacy‑911‑terrorists/ p28973.

定。随着叙利亚危机蔓延，至今已有 50 多万叙利亚难民涌向周边邻国。其中土耳其接纳了半数以上的叙利亚难民，由此给土财政、治安造成巨大压力。二是教派冲突日趋凸显。中东危机持续发酵使现行行为规范被打破，各种原生性规则（如教派意识、民族/部族意识等）凸显。叙利亚危机成为教派势力角逐的主战场。以沙特为首的逊尼派国家明显站在叙利亚反对派一边，以伊朗为首的地区什叶派主导的国家或政治势力则力挺巴沙尔政权，双方争斗日趋公开化，由此使中东逊尼派与什叶派之间的教派纷争日趋显性化①，并日趋向邻国蔓延。在黎巴嫩，支持巴沙尔的什叶派与支持反对派的逊尼派之间武装冲突频发，并在 10 月 19 日出现黎军事情报局长维萨姆·哈桑被炸身亡事件，这使黎国内教派冲突更趋恶化，甚至可能导致内战重现。三是库尔德问题日趋凸显（参见前面关于土耳其的论述）。

四、美国在中东去留两难

中东剧变前，美国在中东就已呈现出战略收缩态势，如降低反恐调门，从伊拉克撤军，减少乃至最终撤离阿富汗，借助地区盟友遏制伊朗等。但中东剧变使美国在中东的战略支柱根基动摇，倚重地区盟友的传统政策日趋失灵。在此背景下，奥巴马不

---

① Samuel Lum, After the Unrest: Five Key Trends Reshaping the Geopolitics of the Middle East, http://blogs. cfainstitute. org/investor/2012/09/25/five – key – trends – reshaping – geopolitics – of – the – middle – east/.

得不花大力气修补调整其中东政策（如从重点支持原政权转向适当迎合当地民众诉求，鼓动"民主自由"），以重组地区秩序。然而，美国中东政策的"再调整"并未取得预期效果，反使美国日渐迷失前行方向。

具体说，一方面，鼓励中东民主转型，导致政治伊斯兰势力日趋得势。而伊斯兰势力价值观与西方价值观格格不入，因此中东政治伊斯兰化新趋势显然对西方不利。以埃及政局变化为例。埃及民主转型后，新当选的穆尔西总统来自穆斯林兄弟会，但穆兄会基本施政理念和外交政策观与美国预期相去甚远。穆尔西就职后出访时，将中国列为阿拉伯世界之外首个出访的大国，表明新埃及推行旨在疏远美国的多元化外交政策①，这使美国在当前中东剧变后的政治豪赌面临巨大风险。另一方面，美国亲善阿拉伯民众的政策也陷入死胡同。奥巴马曾立志改善与伊斯兰世界关系，并为此投入巨大人力物力。但阿拉伯世界反美情绪依然高涨。2012年6月，美国皮尤发布的调查显示，79%的埃及人不喜欢美国。美国在几个主要穆斯林国家的支持率都较2008年略低，而且越是美国援助力度较大的阿拉伯国家，反美情绪最明显。2012年9月，因美国上映亵渎伊斯兰教先知穆罕默德的影片，伊斯兰世界出现大规模反美抗议浪潮。尤其是9月11日美国驻利比亚大使在班加西遭袭身亡，使美国高层无所适从，中东政策日趋迷失方向。美国外交关系委员会主席理查德·哈斯预言，未来中东将带给美国各种困难抉择以及挫败感。美国企业研

① Chris Zambelis, "Egypt gains balance and leverage in China", *Asia Time Online*, Sep 26, 2012.

究所研究人员感叹"我们迷失了方向"①。

中东变局复杂难测刺激美国加快从中东脱身，加快战略重心转移决心和步伐。如在利比亚战争中退居幕后，对伊朗核问题拒绝划定"红线"。同时，美国频频将目光投向亚太。2012 年 6 月，美国国防部长帕内塔公开称，到 2020 年美国将把 60% 舰艇包括六个航母战斗群部署在亚太地区。2012 年 11 月奥巴马再度当选总统后，首次出访选择缅甸、泰国、柬埔寨等亚太小国，其外交优先重点不言自明。

与此同时，美国战略重心东移并不意味着美国将撤出中东。从消极意义上看，当前中东乱局频仍，叙利亚危机仍在发酵，伊朗核计划持续推进，巴以冲突时断时续，地区伊斯兰势力不断蔓延，所有这些，都迫使美国不得不加强危机管控，避免引火烧身；从积极意义上看，中东陷入前所未有的大动荡、大重组，使地区国家的对外防护能力降至历史最低点，奥巴马政府面临重塑中东秩序的难得机遇。这种战略诱惑促使美国在中东长期停留。因此，美国不愿意也不可能轻易离开中东。据"伊拉克新闻网"2012 年 11 月 25 日报道，美国已开始向伊拉克秘密重派驻军，目前美军总人数已达 3 千人，并且"还将持续增加"。目前美军向科威特也派驻了约两万人，这些美军也将陆续全部派到伊拉克境内。美军重返伊拉克，既是为军事介入叙利亚危机做准备，也是武力威慑伊朗。从这些迹象看，美国不会轻易离开中东。事实上，从美国官方稳健看，美国当前实际有两个战略重点，一个是

---

① Yoel Guzansky and Mark A. Heller Edited, One Year of the Arab Spring: Global and Regional Implications, Institute for National Security Studies, Memorandum No. 113, March 2012, p. 15.

东亚，另一个就是中东。

当前，中东剧变仍在继续向纵深处演变发展，中东政局至今仍是"一盘没有下完的棋"。民主与专制、世俗与宗教、发展与倒退、霸权与反霸等不同力量、不同矛盾之间相互交织，使中东局势矛盾错综复杂，前景扑朔迷离。不少国家仍处在何去何从的十字路口，部分地区热点随时可能出现失控危险。

伊朗核问题愈难解决

◎ 丁原洪

美国和伊朗在伊核问题上的较量已达 10 年之久，从布什政府到奥巴马政府始终没能取得突破。而伊朗的核能力却不断取得进展。以色列出于自身安全考虑急于扼杀伊核开发计划，力主对伊进行先发制人的军事打击，而美从其全球战略利益出发，一直采取以压促变的策略。伊朗采取针锋相对的方针，毫不动摇地推进核计划。以色列能否单独对伊发动袭击，美国能否制约住以对伊袭击，以及美能否避免被迫卷入，均属未定之天。

一

自从 2003 年 2 月伊朗政府宣布提炼出其在建的核电站所需的燃料——铀以来，美国同伊朗就伊朗核问题展开持续不断的政治较量，迄今已近 10 年之久。双方争执的焦点在于伊朗铀浓缩活动的性质。伊方争辩这是为了提供核电站所需燃料，而美方则质疑其最终目的是为了研发核武器，坚持要求伊方停止铀浓缩活动。围绕着伊朗核问题的交涉，先是由英、法、德三个欧盟国家同伊朗进行，2006 年美国直接出面主导与伊朗的交涉谈判。在美国的操纵下，伊朗核问题这个本属国际原子能机构管辖的问题，被转交给联合国安理会，并开启 6 + 1 的谈判机制（即安理会 5 个常任理事国加上德国同伊朗进行谈判）。这一谈判断断续续，从布什政府到奥巴马政府，谈判没有取得突破，而伊朗的核能力却不断取得进展，从而使美国更加质疑伊朗核开发计划的动机。美伊之间的矛盾日益尖锐。

进入 2012 年，美欧等西方国家在部分海湾国家配合下，继推翻利比亚卡扎菲政权之后，企图在叙利亚如法炮制，推翻与伊朗关系密切的巴沙尔政权，以期削弱伊朗的影响力。以色列急于扼杀伊朗的核开发计划，准备先发制人，对伊朗进行军事打击，而美国从自身全球战略利益考虑，不肯认同，从而导致美以领导人公开争吵。在这种形势下，伊朗核问题的谈判更难有什么进展。美国外交学会会长理查德·哈斯年初曾以《伊朗今年肯定令人头痛》为题撰文指出，"伊朗的核活动无论情况如何，都会令世界面临艰难抉择。没有哪种选择是无须付出代价或毫无风险的"。

二

奥巴马从布什政府接过伊朗核问题这一"烫手山芋"后，起初准备通过与伊朗直接对话寻求化解分歧，后因国内外各种因素牵制，不得不走回布什的老路，对伊朗实施"以压促变"的策略。它主要采取两手，一是加大对伊制裁力度，一是增强对伊军事压力。与此同时，通过情治力量和非政府组织，积极介入伊内部事务，支持"温和派"打击"强硬派"，企图将伊国内搞乱。英、法、德等国家在制裁伊朗方面积极与美配合。美欧等国在推动联合国安理会通过4个制裁伊朗的决议后，又在安理会之外采取单方面制裁措施。制裁对象从个人到机构，制裁范围从能源、经济扩展到金融。西方的制裁确实给伊朗造成不小的困难，例如，伊朗石油出口已缩减近40%，伊朗货币大幅度贬值，国内物价飞涨。然而所有这些举措并不足以动摇伊朗继续推进核开发计划的决心和意志，而外部压力愈大，反而有利于内部凝聚民心。在这种形势下，6+1的谈判更难取得进展，则是必然的。

伊朗方面对西方的"以压促变"策略，采取了"针锋相对"的方针。一方面设法应对西方的制裁，实施减少进口的"抵抗经济"，开辟能源出口新客户，改换交易方式，规避西方金融制裁；另一方面，不断提高军事能力，开发新式武器，频繁进行军演，以应对外部不测的打击。与此同时，在核问题上与西方周旋，既坚持自己和平利用核能的权利，又反复申明无意研制核武器。在铀浓缩活动上，坚持暂停20%丰度的铀浓缩活动必须以西方取消制裁作为交换条件，否则将向更高丰度的浓缩活动推进。为防不测，伊方一直在努力将核设施转入地下坚固地方。据美方评估，伊朗核计划已发展到无法彻底摧毁，即使美方成功发起一次先发制人的袭击，"至多不过是令该计划倒退几年而已"。

三

为了防止伊朗核计划失控，导致出现美国难以应对的混乱局面，年初时，奥巴马政府曾通过秘密途径给伊方划了一条"红线"，即：只要伊朗不生产核武器，不封锁霍尔木兹海峡，美方就不会对伊动武。伊方心领神会，不管言词上对美国多么激烈，在行动上始终不踩这条"红线"。

美方的这一做法却引发了以色列方面的极大忧虑和不安。内塔尼亚胡总理、巴拉克国防部长等对伊"主战派"，一再强调伊朗核计划的危险性和紧迫性，表示伊朗离研制核武器的日子愈来愈近，并要求美方"及时"发起先发制人打击。美方要员频繁访以，试图说服以方要"耐心"一点，并强调制裁措施正起作用。双方争论愈演愈烈，从内部到公开。争论集中于以方要求美方订出对伊朗进行军事打击的"时间表"，或者说定下"红线"，而美方却始终不肯给予明确答复。美以双方领导人为"红线"问题吵得不可开交，以致10月联合国大会期间内塔尼亚胡总理访美，奥巴马托辞不见。内塔尼亚胡对于美国拒绝针对伊朗核问题设定"红线"十分愤怒，他公开声称："国际社会那些拒绝对伊朗设定'红线'的人，在道义上无权对以色列亮'红灯'。"言外之意就是美方无权要求以色列不可单独采取"先发制人"的打击。

美以双方之所以在伊朗核问题上出现尖锐的分歧，根子在于各自从自身利益出发，对当前的中东形势有着不同的分析和判断。美方的考虑是，尽管伊朗核问题拖而不决，但只要伊方不踩美设定的"红线"，即不生产核武器，就不便师出无名地再发动一场战争。一旦动武，整个中东形势将会大乱，美国的战略利益必然受损。而且在美国尚未能从伊拉克、阿富汗两场战争全然脱身的形势下，再陷入一场难以预估后果的战争，将是任何领导人都无法承受的。但是，从以色列方面看，从"阿拉伯之春"发生后中东局势复杂化的一个明显结果是，以色列处境愈益不利，如果听任局势发展下去，它会变得更加孤立。发动对伊朗的先发制人打击，可以把美国拉扯进来，使自己的国际地位从被动转为主动。

据以色列情治部门的评估，没有美国的帮助，以色列的军力至多可以使伊朗的核计划推迟两年。因而尽管内塔尼亚胡等以色列领导人对奥巴马十分不满，但依然是认可了美方的要求，在美国大选前没有对伊动武。美国大选后，来自以色列的压力会变得更大，情势会更加复杂。美国能否约制住以色列对伊朗发动袭击，以及美国能否避免被迫卷入，均属未定之天。这已成为悬在中东上空的"达摩克利斯之剑"。伊朗核问题愈难化解。

四

伊朗核问题演变成目前这种形势，美国是咎由自取。美伊当前围绕着伊朗核问题的争斗，实际上是伊朗伊斯兰革命以后 30

年来美伊持续不断的政治较量的集中反映。美国始终想实现伊朗的"政权更迭"。无论欧盟三国最初负责同伊谈判，还是 6＋1 构架下的谈判中间，伊方都曾做出过松动，然而美国始终不改变颠覆伊朗现政权的图谋，使得谈判无法取得突破。美国发动对阿富汗、伊拉克战争，等于"帮助"伊朗消除两侧的威胁，得到在该地区"坐大"的良机。土耳其、巴西一度从中斡旋，几乎有所突破，也由于美国的阻挠而未能实现。更有甚者，美国在核问题上又明显地采取"双重标准"政策。一方面坚决反对伊朗核计划开发，甚至不承认伊朗按照《核不扩散条约》享有和平利用核能的权利；另一方面又公然默许以色列拥有核武器，拒不参加《核不扩散条约》，甚至连阿拉伯国家建议签订包括以色列、伊朗等各个中东海湾国家参与的中东无核区协议，美国也坚决不同意，在联合国会议上不惜动用"否决权"。这使得沙特等国虽反对伊朗拥核，但又由于顾及以色列实际上已拥有不少核武器，因而在美国等制裁、围剿伊朗时不能不有所顾虑，很少公开表示支持。一旦以色列对伊朗开战，这些阿拉伯国家碍于民意，也很难鼎力相助。

尽管美国在以色列国家安全方面给予了极大的支持，据美国国会统计，从 1948 年以来，美向以提供了 1600 亿美元的双边援助，其中大部分是军援，目前美对外军援的 60% 是给以色列的，占以每年军费开支的 20% 左右；可是，以色列从国家切身利益出发不可能对美国唯命是从。奥巴马上台后为缓和阿拉伯国家的反美情绪，强调支持巴勒斯坦建国，按"两国方案"实现巴以和平共处。为此，他公开谴责以色列在巴扩建犹太人定居点，这令以色列十分不满。以色列在美国压力下同意恢复与巴勒斯坦的和谈，但提出以美国扼制伊朗核计划为交换条件。然而，在美国"以压促变"策略未能制止伊朗核计划的形势下，以色列国防部长巴拉克访美后公开抱怨说："如果以色列失去袭击的最后机会，那么我们将必须仅仅依靠美国，但如果美国决定不袭击，我们将面临伊朗发射来的炸弹。"以色列先是拒绝承诺克制，拒绝（一旦袭击）事先通知美国，现在则反过来要求美国设定伊朗核问题的"红线"，迫美公开做出"承诺"。美国深知在没有美国默许下以色列不敢单方面对伊朗动武，但美国又无把握一旦以色列悍然动武美国可以不以某种形式被卷入。在以色列在中东地区陷于越来越孤立的形势下，它认为保持自己（未宣布的）中东核武器大国垄断地位是以色列国家安全的"可靠保证"。因而，以色列不顾美国同意与否，对伊朗发动先发制人打击的可能性是始终存在的。美以双方因伊朗核问题公开决裂其影响是深远的。这使得美国在中东的处境是乱上加乱，这将大大地牵制美国调整全球战略部署的实施。

2012：世界经济复苏步履蹒跚 中国经济转型稳健前行

◎ 谢明干

本文全面分析了 2012 年世界经济与中国经济的形势，包括主要表现、发展趋势和存在问题等，认为欧债危机还在发酵，美国经济复苏蹒跚，日本经济仍然萎靡不振，发展中国家经济普遍放缓，世界经济下行的风险在加剧；而中国经济的宏观基本层面依然良好，可望增长 8% 左右。文中具体分析了中国经济面临的七个挑战，并提出了相关的建议。

一、世界经济下行风险加剧

由美国次贷危机引起、2008 年全面爆发的全球金融与经济危机，已持续 4 年多，世界经济陷入了二战以来最严重、时间最长的衰退周期。迄今 L 型的世界经济走势还在延续，加上石油价格暴涨以及战乱、气候异常等一系列因素的综合作用而导致的新一轮全球性的粮食危机，使世界经济雪上加霜，经济复苏举步维艰，经济增速不断下跌。现在，各权威经济组织都看淡世界经济复苏的前景，并且对经济连续下行的风险加剧深表忧虑。据经济合作与发展组织 2012 年 11 月 27 日发布的报告，预测 2012、2013 年世界经济增长率为 2.9% 和 3.4%，比年初的预测分别下降了 0.5 个和 0.8 个百分点，无论是发达国家还是发展中国家，经济增速都在放缓。

总体来看，2012 年世界经济形势有以下几个特点。

1. 欧洲仍然处于危机的"震中"，主权债务危机继续发酵、蔓延

美国次贷危机以来，受伤害最大、恢复最慢的，并不是美国，而是欧洲。欧洲经济目前正面临最严重的困境。预测欧元区经济 2012、2013 年都将陷入衰退。目前欧洲的核心国，由于出口下滑、内需不足，经济增长的势头已明显减弱，甚至有逼近衰退悬崖的迹象。德国因制造业订单、工业生产、外贸进出口额均下滑，GDP 增幅逐季下降，一、二、三季度分别为 0.5%、0.3%、0.2%，预测全年经济仅增长 0.9%，2013 年经济增长下降到 0.6%；法国从 2011 年开始，经济就连续 9 个月零增长，预测 2012、2013 年分别增长 0.2% 和 0.3%；英国已连续几个季度负增长，预测全年负增长 0.2%。其他外围国家的情况更糟糕，第二季度以来受到的金融市场与主权债务的压力都在上升，致使资本外流，借贷成本飙升，政府债务大大突破国际公认的危险线，主权债务压力与银行系统之间恶性循环等。有的国家已陷入负增长泥潭不能自拔，到 2012 年 9 月份已有 6 个国家向欧盟

申请援助，预测 2012、2013 年希腊负增长 6.3% 和 4.5%、西班牙负增长 1.3% 和 1.4%，葡萄牙负增长 3.1% 和 1.8%，爱尔兰负增长 0.5% 和 1.3%，意大利这两年也都是负增长，连一向稳健增长的芬兰第二季度环比亦出乎意料地负增长 1%。总之，普遍认为，2012 年欧洲经济正在"二次探底"的边缘上挣扎，全年恐难逃经济衰退之厄运，连欧盟统计局也预期将萎缩 0.3%。

除财政陷于困境外，欧洲经济衰退另一突出表现是失业率畸高。截至 2012 年 9 月，欧盟 27 国失业人数高达 2575 万，比 8 月份增加 16.9 万，失业率为 10.6%；欧元区失业人数 1849 万，比 8 月份增加 14.6 万，失业率亦高达 11.2%，创下 1997 年以来的最高水平。在债务问题日趋严重的情况下，那些因此而实施紧缩财政政策的成员国失业状况最为严重，如希腊和西班牙的失业率分别为 21% 和 23.6%，其中青年失业率为 50.4% 和 50.5%，这表明两国都有一半以上的年青人没有工作。德、法、英等大国亦深陷失业率居高不下之困，如法国，其本土登记失业人数连续 17 个月上升，9 月份达 305.8 万人。为走出金融危机之阴影，必须紧缩财政，而这就会导致制造业、建筑业进一步萎缩，失业率进一步上升；失业率上升，又使人们的收入和消费信心进一步下降，经济就更加低迷。看来，大力发展实业经济，创造大量的就业机会，同时适度削减政府开支和过高的福利，才是摆脱这种困境，增强人们信心，激发经济活力，促进经济复苏的关键。

欧盟、欧元区特别是以德国、法国为主体的欧洲核心国，对"受灾国"的救助不遗余力，各"受灾国"政府也竭尽全力积极"救灾"。如奥地利，在外力的帮助下，采取了符合本国实际情况的财政紧缩政策和经济政策，着重救助了三家境内银行，确保银行业在债务危机中平稳发展，又在科技研发方面加大投入（2012 年占 GDP2.8%），推进企业技术创新，以提升经济整体的竞争力，从而使经济形势明显好于欧洲平均水平，失业率、通胀率都比较低，全年经济可望实现正增长（约增长 0.6%），2013 年将恢复到 1.3%～1.7%。在欧元区内，现在已经开始实行欧洲央行的直接货币交换和启动欧洲救助机制——欧洲稳定机制，2012 年 10 月份欧盟又决定建立欧盟层面的统一银行监督体系以代替各国的银监体系，这对各"受灾国"摆脱困境是有力的支持。欧洲第四大经济体西班牙是"重灾国"之一，2012 年 7 月份，欧元区财长会议决定向西班牙金融部门提供第一批 300 亿欧元救助贷款，贷款利率为 3%～4%，贷款由"欧洲稳定机制"直接提供，以帮助西班牙银行渡过难关。同时，要求西班牙成立一家资产管理公司，吸收来自问题银行的不良资产，使其得以资本重组或结构重组。在国际货币基金组织（IMF）、欧洲央行和欧盟的帮助与监督下，西班牙政府认真进行了一系列金融整顿与改革。到 11 月份，IMF 肯定它已取得了"重要进展"，同时也指出它仍然面临严峻挑战。相比而言，"重灾国"希腊的"救灾"工作就不大顺利了。危机以来上述三大机构同意向希腊提供两轮共 2400 亿欧元的救助款及一次债务减记，同时要求希腊实施一系列紧缩与改革措施。为此每一笔救助款的到账都要经过艰苦的谈判。最近为了尽快取得 315 亿欧元"救命钱"，希腊政府就同三大机构多次讨价还价。三大机构曾要求希腊年底前裁减公务员 1.5 万人，退休年龄提高两年，实行 6 天工作周，将私有部门的解聘金减少三成至五成，放开所有被禁职业等。但希腊国内反紧缩罢工浪潮不断，部分参政党派议员也明确表示反对，以致谈判旷日持久，直到 11 月初才通过议会表决（赞成者仅过半数）达成协议，至于能否执行落实尚是很大疑问。由此可见，由于欧元区先天不足，内部决策机制又有局限性，加上受各国政治、民意等国内因素的影响，尽管欧洲已初步建立了一个救助机制，但使其有效运作难度不小。运作得好，欧洲经济复苏就有可能加快；如果受援国内部纷争不一，不能团结一致共渡时艰、锐意改革，经济复苏就很困难。舆论一致认为，欧元区的财政状况和银行业危机目前依然是全球经济的最大威胁。比较乐观的看法是，欧洲经济复苏至少还需要一年时间。欧盟 11 月 7 日发布报告称，从短期来看，经济前景依然脆弱，但将于 2013 年开始逐步重回增长，欧盟和欧元区可望将分别增长 0.4% 和 0.1%。

2. 美国经济继续缓慢复苏，但阻力较大，动力不足

在发达经济体中，美国的经济状况算是比较好的。危机以来，美国政府采取了一系列政策措施，使经济逐渐走上了复苏之路。据美国商务部公布的数据，2012 年第三季度美国国内生产总值（GDP）按年率计算实际增长 2%，增速高于第二季度的 1.3%，亦明显高于欧洲与日本。至此，美国经济已连续 13 个季度保持增长。这使美国的经济信心指数（对经济现状的信心和对经济前景的信心）大幅攀升，从 2008 年 10 月的 - 65 升至 2012 年 10 月底的 - 14。第三季度经济增长提速的主要原因是联邦政府开支增加、进口减少、个人消费开支增长加速，尤其是房

地产市场持续升温，在上半年 1.7% 的经济增幅中贡献了 0.3 个百分点，成为经济复苏的引领者。预测美国经济将维持低增长态势，2012 年约增长 2.2%，2013 年约增长 2%（有一种比较乐观的估计是，2013 年的增幅可以达到 3% 以上）。

但是国际经济界一致认为，美国经济复苏的势头仍然是孱弱的，动力不足，基础不牢。主要表现：一是其拉动经济增长的最大动力是国防开支。第三季度 2% 的增幅中有 0.64 个百分点就是来自国防开支的增加，这个季度国防开支竟增加了 13% 之多。这显然是不可持续的。二是 2% 的增长率不仅低于其潜在增长率（3%），也低于其历史上经济复苏同期的水平，即美国自 20 世纪 60 年代以来，历次经济复苏进程中第 13 季度的增长率均高过 2%（为 3% ~ 5.7%，平均为 4.6%）。

现在美国经济复苏进程中面临的最大威胁，主要有以下两个。

一个是财政赤字高企，又濒临"财政悬崖"。有评论说这是除欧债危机外另一把悬在全球市场头上的魔剑，这两把魔剑正在捆绑全球经济一同走向"悬崖"。这次金融危机以来，美联储为刺激国内需求，加快经济复苏步伐，接连开出"QE 药方"，大印其钞票；同时不断发行国债，"寅吃卯粮"，2012 年 7 ~ 9 月发行净适销债券 3170 亿美元，10 ~ 12 月计划发行 2880 亿美元，又计划于 2013 年 1 ~ 3 月再发行 3420 亿美元。美国财政部的数据显示，2012 财年（截至 9 月 30 日）美联邦政府财政赤字高达 1.089 万亿美元，为连续第四个财年超过万亿美元大关。如按现行政策搞下去，国家财政要走到"悬崖"。所谓"财政悬崖"，是美联储主席伯南克于 2012 年所提，指到 2013 年 1 月 1 日，小布什政府颁发的减税方案终止，实行新的增税方案，2013 年全国将增税 5320 亿美元，平均每个纳税人将要多交 3500 美元税；同时，启动新的"自动减赤机制"，2013 年将削减 1360 亿美元政府开支，未来十年共削减 1.3 万亿美元，其中受影响最大的是国防部门和社保部门。这两项举措关系重大，虽有利于降低财政赤字，但也有很大的负面影响：增税会导致个人可支配收入下降，减少消费，削弱消费对经济的拉动作用；削减政府开支会减少对失业人员的补助，减少医疗保健开支，降低中低收入人群的生活质量。对此问题，美国两党主张不一。据美国国会估计，如不能避免"财政悬崖"的出现，2013 年美国实际 GDP 将至少下降 0.5 个百分点，经济将重新衰退，失业率将上升到 9% 以上。各国经济界人士对美国这个世界最大经济体濒临"财政悬崖"深表忧虑，如墨西哥央行行长说：美国若要解决"财政悬崖"问题，意味着一方面要增税，另一方面要削减公共开支，这将使美国的 GDP 减少四五个百分点，进而可能将全球经济重新拖入衰退之中。解决这个问题，无疑是奥巴马连任总统后的最紧迫任务。很可能，美国两党为了国家利益，会在圣诞节前达成一个得以避免跌入"财政悬崖"的折衷方案。

另一个是"无就业复苏"。到 2012 年 8 月止，美国失业率连续 43 个月维持在 8% 以上（2009 年 2 月最高，为 8.3%），创下了二战以来的最长周期。9 月份开始降到 8% 以下（7.8%），显示就业市场开始有所好转。但美国的失业率仍然处于历史高位，9 月份总失业人数为 1209 万，其中超过 27 周的长期失业者约为

480 万，10 月份失业率又回升到 7.9%。可见美国失业率高企问题远未解决，或者说其失业率大幅下降的基础仍未形成，至少是基础还很不稳固。

3. 日本经济持续长期的萎靡不振，韩国经济呈下滑的态势

日本经济自 20 世纪 90 年代初达到高峰之后，连续 20 年陷于低迷，在负增长线上下波动，被称为"失去的二十年"。受这次全球金融和经济危机以及本国大地震大海啸的影响，日本进出口大幅下滑，公共债务高企不下，虽然一直实行货币宽松政策，但未见多少起色，2012 年又由于在政治上向极右转，内政外交问题加剧，经济进一步恶化，第三季度经济萎缩 3.5%，预测全年经济增长 1.6%，2013 年又降回到 0.6%，今后几年的经济前景亦甚不乐观，日本人惊呼要出现"失去的三十年"。

日本是以贸易立国的。据日本财务省 10 月 22 日发布的数据，2012 财年上半年（4 月至 9 月）贸易收支逆差高达 406 亿美元，创下 1979 年有可比数据以来的半年度新高。个中原因，除欧债危机导致全球经济减速外，主要是日本国内核电站停运使液化天然气和原油的进口长期维持在高位，以及日对华出口明显减少。其上半年出口总额为 32.16 万亿日元，同比下降 2%，其中对欧出口下降 16.1%，对中国出口下降 8.2%。

日本过去赫赫有名的家电巨头，由于创新不足、战略不当以及受世界金融危机、大地震的影响，竞争力已明显下降，产量锐减，出口大跌，坠入了巨亏泥潭。松下 2011 财年亏损约 100 亿美元；索尼 2012 财年预计亏损 29 亿美元，已连亏 8 年；夏普在

截至 2012 年 3 月底的财年里亏损 38 亿美元；等等。汽车、钢铁及其他制造业的情况也不佳，汽车本车及零部件等的出口都大幅减少。这严重影响到日本的国家财政收入，加上日本政府近年大大增加国防开支，财政捉襟见肘，国家债务已近 1000 万亿元，政府的财政收入约有半数来自发行赤字国债。按照日本法律规定，每个财政年度政府发行赤字国债的前提是国会通过《公债发行特例法案》，这就往往为党派纷争所用，加剧政局的混乱和社会的动荡。

韩国在全球经济中也占有重要地位，同中国的经济关系尤为密切。受全球经济低迷导致的出口放缓和内需不足影响，韩国经济也继续呈下滑的态势。据韩国央行 2012 年 10 月下旬预测，如果欧债危机得到妥善解决和美国避开"财政悬崖"，韩国经济增长 2012 年为 2.4%，2013 年为 3.2%，均比原先的预测下调了0.6 个百分点；否则，经济情况将更加恶化，下滑得更多。韩国的出口依赖程度高达 70% 以上，而 2012 年以来出口与月俱降，第二季度出口对经济增长的贡献度竟低于内需。但是内需的增长也面临很大的压力，主要是家庭负债已接近 1000 万亿韩元，负债比重世界第一，这就极大地伤害了家庭消费能力。韩国央行的数据显示，韩国国内消费增加率已连续 39 个月低于经济增长率，创下历史最长的纪录。韩国政府已采取了一系列包括金融、营销、行政等方面的应对措施，诸如几次降低银行基准利率，下调中小企业总信贷限额的年利率，追加贸易使节团的活动经费，提高对非洲、中东、东盟等新兴市场贸易保险的扶持限度，强化关于扩大外贸的培训与咨询服务等，已取得了一定成效，估计经济可能于第四季度缓慢回升。

4. 新兴国家受欧、美、日等发达国家经济下行的影响，经济增速普遍放缓

新兴经济体目前不仅已成为世界经济增长的主要动力，也深刻改变世界经济的格局，即使是百年一遇的国际金融危机也未改变这一趋势。据统计，2011 年新兴 11 国（E11）整体的 GDP 规模比 20 年前扩大了 5.6 倍，占全球 GDP 的份额翻了一番，远远领先于其他经济体。但是在这次世界金融危机中，发达经济体金融危机的外溢风险日益严重，使新兴经济体和发展中国家的经济受到的负面影响日益加剧，包括向发达经济体的出口锐减，导致国内生产下降、失业增多、财政收入减少，因发达经济体实行量化宽松政策而涌入大量逐利资金，推高通货膨胀，本国货币被迫升值，外债增多等，因而经济增速都有不同程度的下降。

新兴国家中的"金砖五国"，在世界经济发展中有着举足轻重的作用，这次因受世界金融危机和国内问题的影响，经济增速都明显下降，都在采取各种有力的应对措施。巴西大幅调低了2012 年经济增长的预测，从先前预测的增长 4.5% 调整到 1.9%。对此巴西政府决定，40 个工业和服务部门可免交企业社保金，以刺激就业市场和企业生产。印度由于经济增长明显放缓和消费者失去信心，政府采取了大规模的应对措施，其中比较重要的是发挥金融杠杆的调节作用，如下调存款准备金率至 4.25%，目的是为市场注入流动性，刺激经济活力。从 2011 年 3 月起央行就连续加息，基准利率上调至 8% 以上，目前维持 8% 这个高利

率不变，以遏制通货膨胀。预测印度 2012 年经济增幅将下降到 6% 左右。俄罗斯前三季度吸引外资 1145 亿美元，同比减少 14.4%；国家外债达到 405.448 亿美元，同比增长 13.2%；经济增幅放缓，预测全年只增长 4% 左右。南非 2012 年第一、二季度同比分别增长 2.7% 和 3.2%，第三季度跌至 1.2%，是 2009 年第二季度以来的最低点，主要是受矿工罢工的影响，预测全年只增长 2%。

二、中国经济：放缓—企稳—回升

2012 年世界经济的最大亮点，是中国经济在调整结构、转变发展方式中稳健前行，经济回升比较早比较快。

1. 全年经济约增长 8% 左右，高于年初提出的 7.5% 目标

其中一季度增长 8.1%，二季度增长 7.6%，三季度增长 7.4%，四季度止跌回升，这表明经济从以前的过热向正常逐步回落，到三季度末就企稳回升，并没有出现国内外不少人曾经很担心的"硬着陆"。经济增长百分之七八，是中国现阶段比较理想的速度，增长质量比较好，增长速度也比较快，尤其是在全球金融危机还在肆虐的情况下，在世界各主要经济体经济陷于衰退或下降的困难情况下，中国经济仍然稳步增长，而且遥遥领先，一枝独秀，确实是难能可贵的。经济增速的适度回落，既是受全球金融危机影响的必然结果，也是调结构、转方式的客观要求，

不把增长速度适当放缓一些，调结构、转方式就难以进行。因此，既避免了"硬着陆"，又保持了比较快的速度，保证了调结构、转方式的稳步进行，是中国科学地进行宏观调控的一大成绩。

2. 在世界金融危机的冲击下，宏观经济基本面依然良好

就业。全年城镇新增就业人数约 1100 多万人，超过了年初确定的 1000 万人的目标。这主要是由于经济平稳较快增长不断创造出大量新的就业需求，特别是各地城镇化的迅速发展和西部大开发的深入进行，以及东部沿海地区大量劳动密集型产业向中西部地区转移，新增加了很多就业机会。

物价。全年物价呈逐步走低的态势，主要原因是宏观调控得力，特别是粮食生产实现了"九连增"，大大减轻了国际粮价上涨对我国的不利影响，也为我们调控物价提供了最重要最基本的物质基础。2012 年，居民消费价格总水平（CPI）呈下降之势，1 月为 4.5%，6 月为 2.2%，9 月为 1.9%，10 月又降到 1.7%。1～10 月平均，全国 CPI 同比上涨 2.7%。预计全年为 3% 左右，比 2011 年的 5.4% 显著降低，比年初确定目标 4% 也降低了 1 个百分点左右。其中食品价格（在 CPI 权重中占比达 1/3）下降较多，10 月比 9 月下降了 0.8%。反映生产领域物价变化的工业生产者出厂价格（PPI）的同比涨幅，自 2011 年 7 月达到 7.5% 的高位之后，就开始了下降的趋势，到 2012 年 3 月出现负增长，9 月为 -3.6%。10 月虽仍然是负增长，但已出现回升，比 9 月回升了 0.8 个百分点。这表明企业利润周期的拐点已经显现，短期

经济正在企稳；也说明行业的景气刚开始恢复，实体经济还需要继续发力。

对外贸易。前三季度，进出口总值 28424.7 亿美元，同比增长 6.2%。其中出口 14953.9 亿美元，增长 7.4%；进口 13470.8 亿美元，增长 4.8%；贸易顺差 1483.1 亿美元。概括起来，对外贸易的形势有以下几个特点：①中欧、中日贸易下降，中美、中俄、中国与东盟、中国与巴西的贸易增长。②中西部地区的贸易出口值的增幅远高于沿海地区。③民营企业成为对外贸易的生力军，进出口总值增幅远高于外贸总体的增幅和国有企业的增幅。④机电产品出口增长稳定，占出口总值过半（57.2%）。⑤进口方面，能源和资源性产品平稳增长，大豆进口数量增长，铁矿石、铜、铝等进口价格下跌。

3. 其他主要经济指标基本达到或超过年初提出的目标

工农业生产。工业是中国国民经济的支柱，也是受世界金融危机影响最大的领域。从 2011 年 7 月以来，规模以上工业增加值增幅就开始回落，到 2012 年 9 月回落到 9.2% 企稳，10 月反弹到 9.6%，全年可望达到 10% 以上。农业是中国国民经济的基础，粮食是基础的基础，2012 年又获得了创纪录的大丰收，总产量达到 58957 万吨，非粮作物和畜牧、水产业也取得了好收成。

固定资产投资。2012 年前 10 个月，全国固定资产投资（不含农户）292542 亿元，同比名义增长 20.7%，其中制造业投资增长 23.1%，施工项目计划总投资增长 16%，民间固定资产投资增长 25% 。总之，固定资产投资的增速在加快，对经济增长仍然起着重要的拉动作用。

社会商品零售总额。2012 年前 10 个月，全国社会消费品零售总额达到 168356 亿元，同比增长 14.1% ，扣除物价因素实际增长 11.8% 。消费市场的特点有：①呈现稳中回升态势。10 月份，社会商品零售总额为 18934 亿元，同比增长 14.5% ，创近 7 个月以来的新高，已连续 3 个月逐月走高。②城镇消费回升，增速在加快。③大中型流通企业销售额增加，增速也在加快。④升级换代商品（汽车、家电、建材等）销售额回升。消费回升缘于经济回升、物价回落和居民收入增加，反映出广大消费者对经济发展前景的信心增强了。

居民收入。实现了"十二五"规划提出的居民收入与经济发展同步的要求，前三季度，城镇居民人均可支配收入增长 9.8% ，农村居民人均现金收入增长 12.3% ，均高于 GDP 增长的速度。

财政收入。2012 年上半年，全国财政收入完成 63795 亿元，同比增长 12.2% ，但增幅同比回落 19 个百分点。增幅回落，有受大环境的影响，工业增加值增速放缓、价格涨幅回落、工业生产者出厂价格下降和贸易进口增长放缓的原因，也有实行结构性减税的原因。结构性减税政策的实施，短期看会出现财政收入增幅下降的情况，但是可以大大减轻企业和居民的负担，"放水养鱼"，从长期看对经济发展、财政增收是大有好处的。

4. 经济结构正在改善，一些重大比例关系逐渐趋向协调

动力结构中，过去经济增长过分依赖出口的情况已发生变

化，转为主要依靠扩大内需特别是消费。2012 年前三季度消费对 GDP 的贡献度已达到 55%。一二三产业结构中，一产（农业）稳定增长，三产（服务业）也有增长，耗能最多的二产（工业）的占比则相对下降。传统工业结构中，耗能大的钢铁、水泥、建材、电力、化工等行业抓紧淘汰落后产能、推进兼并重组，提高产业集中度，机械工业利用"市场倒逼机制"迈过简单的规模扩张阶段，进入了比拼创新、质量、服务的核心竞争力的新时期，有些企业开始从传统产品制造商向综合成套服务提供商转变。出口结构也有改善。尽管对欧、日的出口下降，对美出口近于零增长，但对发展中国家的出口有较大增长；尽管纺织品、服装等传统商品出口下降，但机电产品出口显著上升，1 ~ 7 月增长了 9.1%，特别是一些附加值较高的集成电路、电子元器件等出口增长较快。区域结构也有较大变化，由于国家和东部地区的大力支援，中西部地区无论是经济增幅还是引进外资、外贸出口的增幅都明显高于东部地区。

5. 污染治理、节能减排取得新进展

2012 年上半年全国地表水国控断面好于三类水的比例为 51.5%，同比提高 2.7 个百分点；环保重点城市集中式饮用水源地水质达标率为 94.2%，同比提高 3.6 个百分点。环保重点城市空气质量总体良好，四项主要污染物（化学需氧量、氨氮、二氧化硫、氮氧化物）排放量普遍下降，其中北京、上海、浙江、河南降幅较大。环保重点城市的优良天数比例平均达到 92.1%，同比提高 1.3 个百分点。2011 年全国能耗强度下降了 2.1%，

2012 年碳强度将下降 3.5% 以上。关停高耗能高污染的落后产能正在深入推进，"十一五"期间就关停了小火电机组 7700 万千瓦，淘汰了落后炼铁产能 1.2 亿吨、水泥 3.7 亿吨，2012 年这项工作正在加快推进。过去 6 年全国单位 GDP 能耗减少了 21%。

三、中国经济面临七大挑战

中国改革开放 30 多年来，取得了举世瞩目的辉煌成就，从一个贫穷落后的国家发展成为世界第二大经济体，现在又面临着难得的发展机遇，前景是非常好的。但是毋庸讳言，中国国内存在的问题也还很多，仅就经济方面来说，就面临着一系列挑战。

1. 如何正确认识我国经济增长速度逐渐下降的趋势

上面说过，近几年经济增长速度放缓有世界金融危机影响的因素，也是我们实行调结构、转方式的客观需要。其实，从长期看，随着经济的持续发展，增长速度逐渐下降是一个必然的趋势。经济增长速度下降，意味着需求减少、市场萎缩，特别是失业增加、财政收入减少。对此，我们要有清醒的认识，认真对待。经济增长速度逐渐下降的原因，主要有以下几个方面。

①经济增长速度是一个比较概念，一般是指国内生产总值（GDP）比上年同期增加了多少，用百分数来表示。经济越发展，经济规模越大，比例的基数（分母）就越大，在新的增加值为一定的情况下，整个比例值也就越小，这种基数效应使经济增长

速度变小。增长速度过低固然不好，过高也不好。过高，能源、原材料、运输、资金、劳动力等都很紧张，通货恶性膨胀，难以为继，我国过去几十年片面追求过高的经济增长速度，已吃够了苦头。根据我国现阶段的实践经验，增速在7%～8%左右比较适宜，增长质量比较好，增长速度也比较快，财政收入、人民生活两相宜。"十二五"规划提出的速度目标就是7%。估计按照这样的速度，到2020年左右，我国的经济总量可能接近美国，那时经济增长速度将下降到5%～6%左右。再过10年即到2030年，中国可能步入发达国家的行列，经济增长速度又会下降到3%～4%左右。这也是一条国际经验，现在美国等发达国家，在一般情况下，增长速度能保持2%～4%左右就算不错了。

②目前拉动我国经济快速增长的两个重要因素——工业化、城镇化，均已处于中后期，其拉动经济的作用过去主要表现在量的扩张，以后将逐渐转为质的提高，其力度将逐渐减弱，会对经济增长速度有一定影响。

③随着经济规模的不断扩大，我国劳动力多、劳动成本低的优势（即所谓"人口红利"）正在逐步消失。我国已提前进入了老龄化社会，经济学中所说的"刘易斯拐点"也已经到来，劳动力供不应求的问题会越来越突出，尤其是很缺乏文化技术素质高、符合先进技术与高新技术要求的劳动力。这也制约了经济的持续快速增长。

④调整经济结构、转变经济发展方式是一个很艰巨、时间比较长的任务，不经过十年八年的努力是完成不了的。在此期间，经济增长速度不能过高，应保持在中速即8%左右为宜。

⑤由于目前推动经济快速增长的各种因素的作用将逐渐减弱，诸如体制制度变革释放的动力不及改革初期大，工业化、城镇化、农业现代化的拉动力不及过去大，低劳动力成本和低环保成本将不复存在，国际市场上的竞争对手比过去多等等，我国的潜在经济增长率（各种资源环境、生产要素和社会因素能够支持的最优增长率）已经并将继续逐渐下降。估计今后不会再出现两位数字的高增长了，即使一时出现，也不可能长期持续下去。

为适应经济从高速快速增长转为中速增长这个发展趋势，我们必须有足够的思想准备和积极应对的政策与措施。尤其是如何创造更多就业机会，如何有力促进企业技术改造与创新，如何处置过剩的落后产能等等，这些都是我们必须认真对待的严峻挑战。

2. 如何加快调整经济结构、转变经济发展方式（经济转型）的进程

调整经济结构、转变经济发展方式这个任务已提出多年，但进展缓慢，不尽如人意。经济结构是一个大概念，调结构、转方式是一个很艰巨、时间很长的任务，怎样把各种结构的调整落到实处并且平衡协调地进行，怎样加快进度、早见成效，是一个很大的课题。

动力结构。经济增长的动力来自"三套马车"，即出口、投资、消费。我国过去的经济增长动力结构中，外需（出口）占比过大，现在要转变为主要依靠内需（投资和消费）；过去内需中投资的占比过大，现在要转变为主要依靠消费；过去投资以政府投资为主，现在要转变为以社会投资为主；过去消费以衣食住行等物质消费为主，现在要转变为物质消费与精神消费（文化、教育、医疗、体育、旅游等）并重。更重要的是，我们要跳出过去的思维和传统做法，释放、激活潜在的增长动力和发现、培育新的增长动力，如加速推进传统产业的兼并重组，大力扶持技术含量高、附加值高的制造业升级，大力扶持高科技型的小微企业发展，大力加强企业技术改造，放宽对社会资金进入市场的限制，等等。

产业结构。我国现在的产业结构基本上还是高投入、高消耗、高污染的，已不可持续，必须调整，主要是淘汰落后产能，推动产业升级。这就要认真分析本行业、本企业的产品、技术、工艺、设备的状况，对比国外先进水平，做出或改造、或引进、或改组、或关停的决策。不要舍不得抛弃那些市场已经没有销路的产品和淘汰那些已经不能生产出质量合格产品的技术与设备，美国柯达、日本索尼之所以轰然倒塌，原因就在此，这是十分深刻的教训。对此，政府有关部门应加强宏观指导和必要的干预。

分配结构。现在行业之间、企业之间、企业与事业单位行政单位之间，收入分配差距非常悬殊。应本着"提低（提高低收入阶层的收入）、扩中（扩大中等收入者阶层）、削高（削减高收入者阶层的收入）"的原则加以调整，缩小差距。特别是应坚决取消特权，打破垄断，国有企业的工资福利应经上级部门审查批准，以期在经济发展的基础上逐步实现社会公平。

区域结构。加大中西部地区开发力度，人财物更多地向中西部倾斜，这是必要的。但这些年中西部地区为加快发展经济，依靠自己的资源优势大力发展高能耗工业，加上东部地区一些高能耗工业向西转移，使西部地区高能耗、高污染、高排放现象有增无减，这个问题要引起高度关注，既要控制高能耗工业的发展，又要加大节能减排的力度，国家和东部地区还要给予西部地区保护生态的补偿。

调整经济结构、转变经济发展方式，是一个很大的系统工程，涉及社会的方方面面，也需要方方面面来参与与支持。比如淘汰落后产能，涉及许多经济利益格局的调整，要做好协调与说服工作，还要给予一定的补偿。又如，推进产业结构升级，需要有先进技术和高素质的人才，这就要加强人才培养，加强高新技术研发，加强技术、人才的引进工作。再如扩大内需，就需要设法增加城乡居民的消费，需要增加就业、收入、社会保障，需要改善消费环境等等，而增加就业又需要大力发展服务业，发展民营经济，增加收入又需要改革收入分配制度，如此等等。因此，要有一个整体规划，综合配套，统筹兼顾，才能做好。否则，各自为战，目的、步伐不一致，就会旷日持久，难见成效。

3. 如何正确处理发展实体经济与发展虚拟经济的关系

这次世界金融危机的一条重要教训是，一个国家经济发展的根基是实体经济而不是虚拟经济。经济学历来强调物质产品（包括第一部类即农业的产品和第二部类即工业的产品）的生产才是社会经济的基础。只是到了现代经济时代，大量现代服务业出现，成为发展现代工农业的必要要素，才把实体经济的内容扩大到现代服务业。美国次贷危机的发生是因为经济过度虚拟化，又缺乏有效的监督。德国一直致力于发展实体经济，特别是制造业非常发达，而对虚拟经济似乎不大感兴趣，因此在世界金融危机中受的损害比较轻。

我国虽然一直把经济发展的着力点放在发展实体经济上，但也有不少教训值得汲取。比如，在金融市场、房地产市场上，寻租、贪腐、权钱交易、非法牟利等现象相当普遍、十分严重，但缺乏严格的监督；股市大起大落，房市价格畸高，都存在很大的泡沫；许多人热衷于投资股市、金市、房市而不愿意向实体经济投资，许多人梦想通过炒股、炒房大发大富，金融业、房地产业、拍卖业等成了许多人羡慕、追逐的热门职业。这既造就了越来越多的亿万富豪，又使许多参与炒作的老百姓的大量财富缩水，拉大了社会上的贫富差距。当务之急，是要切实整顿、规范股市，使之回归融通、搞活资金的本性，恢复"经济晴雨表"的本能，更好地服务于实体经济的发展；要切实整顿、规范房市，使之回归其本来的公益性，更好地实现"住有所居"和促进土地的合理开发与利用。

不仅股市、房市积累了大量泡沫，许多地方政府入不敷出、债台高筑，许多企业由于内外市场萎缩、产品供大于求而积累了大量落后产能，银行的不良贷款增加等，都是对经济有害的泡沫，都要研究如何逐步一点一点地缩小、挤掉，以防止发展成为经济危机和引起社会动荡。大力发展实体经济，防止经济虚拟化空心化，各部门尤其是银行负有重大责任。各级政府也要从思想上政策上引导人们把目光、资金、精力更多地投向实体经济，要更多地支持培育新的经济增长点和企业的改造改组改革，要更好地遏制投机炒作的不良风气。

4. 如何加强科技创新，更好发挥科技创新对经济转型、经济发展的驱动与支撑作用

近十来年，科技创新的意义与重要性日益深入人心，科技工作的条件显著改善，科技创新的成果不断涌现，特别是取得了一系列具有世界先进水平的成果，有力地驱动与支撑了我国经济转型和经济又好又快发展。但是从总体上说，我国同美、德等发达国家的科技水平相比仍有比较大的差距，仍需再接再厉，奋起直追，锐意创新。从科技工作的具体实践来说，仍有不少问题需要切实加以解决。

国家加大财政投入很必要，自 2006 年以来已连续 5 年保持 23% 以上的增速，研发经费已居世界第三，但只占 GDP 的 1.83%，与许多国家相比仍有不小差距，仍需坚持继续加大投入。同时，研发经费应科学合理地分配使用，防止铺张浪费、贪污腐败或任意挪作他用，对此要建立有效的监督制度。

科技创新的人财物条件固然重要，但科技创新的体制与环境更重要。科学研究是高脑力劳动，需要安静的思考、耐心的试验、平等的切磋，不能靠突击、靠"打擂台"（"大跃进"时期有的科研机构搞过"打擂台"、"比献礼"），不能靠"长官意志"。"外行"只能当"后勤部长"，不能当"司令"。要让"科学家回归科研本身"，不要让他们把许多时间花在跑项目拉经费和处理复杂的人际关系上。要刻意营造一个尊重科学规律，尊重不同见解，鼓励成功、宽容失败的环境与氛围，使科技人员能专心致志地搞科研、心情愉快地发挥自己的专长。

大力提倡自主创新、原始创新，争取有越来越多的技术专利与自主品牌产品，同时也应对传统产业企业的技术革新与升级给予更大的关注，对科研成果的产业化给予更大的关注，使我们的科技水平和生产水平都扎扎实实地踏上新的台阶。

在社会上、在民间，有许多能工巧匠、发明家和离退休的科技人员，要鼓励他们自己搞科研、办科技型小微企业，对他们的意见建议要热情欢迎，对他们的困难要热情帮助解决，对他们的创造发明要组织专家帮助鉴定，不要轻易否定，更不要泼冷水。科技型小微企业是科技创新的一支重要的生力军，许多大型科技型企业就是由小微企业发展起来的，要大力予以扶持。

基础研究是新技术和工业发展的原动力，要突破关键性的新技术，不能忽略加大对基础研究的投入。目前基础研究经费在全部科研经费中的占比不足5%，远低于美国等发达国家15%～20%的比例。如果不加大对基础研究的投入，我们今后就将在创新力竞争中处于劣势。

5. 如何更有效地应对资源环境约束的不断扩大

党的十八大指出，我国正面临资源约束趋紧、环境污染严重、生态系统退化的严峻形势。在资源约束方面，我国GDP占世界的8.6%，而能源消耗占世界的19.3%，单位GDP能耗是世界平均水平的2倍多。"十一五"期间，产业结构调整进展缓慢，结构节能目标没能实现，高能耗、高污染、高排放产业增长过快，重工业占工业总产值比重由 68.1% 上升到 70.9%，服务业增加值低于预期。随着工业化、城镇化加快和消费结构升级，能源需求呈刚性增长，石油对外依赖度已达到 57%，油价每桶已超过 100 美元，资源瓶颈约束势必将更加突出。在环境污染方面，情况虽有些改善，但城市空气细颗粒（PM2.5）污染加剧，多数城市细颗粒物超标；全国地表水水质总体为轻度污染，十大水系均有不同程度污染，湖泊、水库富营养化问题突出；农田、菜地及企业周边土壤污染较重。在生态系统方面，局部稍有好转，总的形势依然严重，近 2/3 城市缺水，森林、草原、湿地、海洋、山地均不同程度地功能退化，生物多样性减少。我国的资源禀赋是一个高碳结构，多煤炭少油气；又正处在工业化、城镇化中期，高碳排放；人口多，碳排放量大，全国二氧化碳总排放量居世界第一。现在全球气候变暖，我国在国际上正面临越来越大的碳减排压力。

为了同心合力建设一个"美丽中国"，全国上下都要统一思想和行动，"宁可少要点 GDP，也要保住青山绿水"，再也不能粗放式发展，不能再依靠大量增加要素投入、消耗自然资源、追求数量扩张来实现增长，必须加快调整经济结构、推进发展方式转变，走绿色发展、低碳发展之路，即低投入高产出、低消耗少排放、能循环可再生的可持续发展之路。既要提倡人人自觉节约资源、绿化消费、保护自然，更要强调强化责任、强化法治，全面加强资源环境保护、生态文明建设的立法、执法和司法工作。同时，要切实推进先进技术的研发与推广应用，诸如：发展地区、企业的循环生产，推广煤炭地下气化，推广"三废"回收处理与利用，等等。

6. 如何在深化改革上实现新突破，把改革向更宽领域更深层次全面推进

成就来自改革，出路在于改革。我国过去 30 多年来经济之所以能够持续快速增长，人民生活水平之所以能够有比较大的提高，说到底，是由于实行了改革，改革极大地解放了生产力。目前在各方面都存在和积累了大量亟待解决的问题，说到底，也只能通过进一步推进改革才能解决。

近些年改革进展不大，在某些领域改革停滞不前甚至有所倒退。究其原因，主要有三。

一是思想认识上的障碍。比如，不少人认为贪腐现象严重、收入差距扩大、"一切向钱看"的风气蔓延等问题是因为实行了市场化改革，有些人还主张回到计划经济时代，说"还是要以计划经济为主"。又如，有的问题中央文件早已有明确说法，如对国有企业要实施战略化改组，要有进有退，有所为有所不为，要加快推进国有企业改革，要实行政企分开，等等，但在实践中，国企改革很少提了，国企垄断了许多行业，作为社会主义市场经济重要组成部分的非国有经济的市场门槛高得使许多民营企业望而却步，政府还照旧大包大揽许多本应由市场、企业、个人来办的事，甚至出现了一提到国企改革、政治改革就遭到上纲上线批驳的怪现象。再如，有的学者认为改革的任务已经基本结束，现在是"后改革时代"。如此等等。总之，思想认识相当混乱。

二是来自既得利益者阶层的阻力。过去 30 多年的改革，由于重经济改革轻政治、社会、文化改革，由于制度建设尤其是法制建设未跟上，由于缺乏经验新的体制制度不完备、相互不协调也不制衡，一些人或钻政策、制度、法律的空子，或把手中掌握的行政权力为己所用，横征暴敛，疯狂炒作，权钱交易，贪赃枉法，成了既得利益者。这些人，有的身居高位，掌握了很大的行政权力；有的腰缠万贯，可以用金钱"开路"；有的垄断了经济命脉，享受高工资高福利。他们有权有钱有势，担心深化改革触及自己的既得利益和权力地位，自然对深化改革竭力反对。

三是干部队伍中存在安于现状和畏难情绪。深化改革，比过去的改革深刻得多，困难也大得多，对各级干部的党性、觉悟、能力都是严峻的考验。不少干部尚缺乏勇于改革开拓、勇于攻坚克难、勇挑重担的智慧与魄力，或认为现在经济情况很好，不需要改；或担心失去自己既得的利益，不愿意改；或害怕得罪人、害怕承担风险，不敢改；或因不学习不调研，不懂怎么改，改起来随心所欲，变了样。因而这些干部实际上也是深入推进改革的障碍。当然，对他们要再教育，帮助他们解放思想、端正心态。

解决好上述问题，克服各种阻力，是深化改革的关键。要在解放思想、提高认识的基础上，在总结 30 多年改革成败得失与经验教训的基础上，集思广益地做好深化改革的顶层设计。改革必须有平衡性，坚持整体配套。把经济体制改革同政治、社会、文化体制改革结合起来，把转变政府职能同充分发挥市场的基础性作用结合起来，把讲求效率同注重公平结合起来。当前可以从以下三项改革做起：一是自上而下地建立一个独立的、互相支持又互相制衡的反贪机制和体系；二是切实转变政府职能，实行政企分开，凡是市场能做的就让市场去做，政府的责任主要是创造与维护一个良好的市场环境并在必要时进行宏观调节；三是进行收入分配制度改革。这三项改革，既是经济体制改革，也是政治、社会体制改革，是广大人民群众最关心、要求最迫切、目前最有条件做的改革。

7. 如何应对国际环境恶化和不确定性加剧给我国经济发展带来的挑战

这个挑战主要表现在：①不利于出口。金融危机必然会导致市场危机，大大削弱消费者的购买力，人民群众节衣缩食，市场陷入萧条，从而影响我国产品出口。同时，随着越来越多的发展中国家进入工业化、城镇化快速发展的行列，它们为了增加原始积累不断加大对初级产品的出口力度，在国际市场上同我国争夺出口市场的竞争越来越激烈。劳务出口（如承建大型基建工程）也面临更多的竞争。在世界金融危机的影响下，有些国家为保护本国企业和创造更多的就业机会，大搞贸易保护主义，不断对我国的产品出口和劳务出口制造障碍。②不利于"走出去"。我们实行开放性经济，不仅要使产品、劳动力走出去，而且要使资金走出去，在国外谋求发展。但是有些国家对此并不欢迎，甚至运用政府权力加以限制。我们想在他们那里搞开发区、度假村，他们就说我们要侵占他们的土地；我们想投资开发他们的资源，他们就怀疑我们企图控制他们的资源；我们想投资他们的高技术产业，他们就担心我们会窃取他们的技术秘密，威胁他们的技术安全。有的国家甚至针对中国的投资，制定相关法律法规加以限制。③不利于人民币币值的稳定。我国出口产品在世界市场上之所以价格比较低、竞争力比较强，原因在于劳动力成本、土地成本、环保成本都比较低，但是西方国家特别是美国却认为主要是由于人民币的币值被低估了，致使他们经济不景气，失业率高企，不断施加压力，压人民币升值。与此同时，人民币汇率还直接受制于美元币值的变动。美国为摆脱自己的经济困境，不时放任或怂恿美元贬值，以迫使人民币升值。④我国承受的通胀压力增加。国际原油和大宗商品的价格上涨，美国等发达国家为摆脱经济困境不断推出量化宽松措施使大量热钱流入我国，加剧我国的输入型通胀。⑤西方国家经常在中东等地发起战乱或挑起事端，如入侵伊拉克、利比亚等，使我国在这些国家的投资和建设项目蒙受巨大损失。如此等等。我们一定要保持世界性的战略视野，密切跟踪国际形势的变化，做好各种应变的准备，尽量减轻对我们的不利影响。

浅析"光伏案例"对国际贸易及新兴产业发展的影响与启示

◎ 黄丹涵

2012 年全球经济持续低迷使贸易保护主义继续发酵，国际贸易摩擦造成的出口风险上升，最突出的案例就是我国光伏产业遭受重创。其中原因除遭美欧"双反"外，重要的是自身缺乏抵御外部风险的能力。它给我们的重要启示是：发展战略性新兴产业必须注重同时发展国际国内两个市场，并实现市场多元化；在核心技术、工艺水平、核心装备方面摆脱受制于人的局面；完善支持政策，使光伏产业的发展建立在由市场调节供需关系的基础上。中国光伏产业今后的发展，需要形成以技术、品牌、质量、服务为核心的出口竞争优势。

全球经济持续低迷的大背景下，2012 年全球国际贸易增长缓慢，中国的对外贸易受此影响增速也开始下滑，尤其是对外出口增速下降。在诸多制约和影响中国出口增长的外部因素中，国际市场需求不足仍然是主要的因素，而全球范围内针对中国产品的国际贸易壁垒也对中国对外出口下滑起了雪上加霜的作用。尤其是美欧等世贸组织成员对中国光伏产品采取的"双反"（反倾销、反补贴）措施不仅对中国的光伏产品出口造成壁垒，而且给中国光伏产业带来重创，国内光伏企业普遍出现经营困难。这一"光伏案例"引起了中国各级政府、业界和学者等各方面的高度重视和广泛关注。本文试图通过浅析导致"光伏案例"发生的外因和内因，探讨该案例对中国对外贸易及战略性新兴产业发展的影响与启示。

一、"光伏案例"的国际贸易背景与启示

自金融危机爆发以来，国际贸易环境一直处于复杂多变的不稳定状态，国际市场需求持续疲软。长期以来吸纳中国出口产品的主要发达国家经济体整体上尚未走出衰退的低谷，美国的经济复苏步伐缓慢，欧洲经济深陷债务危机的困扰，日本经济危机四伏；新兴市场国家及发展中国家经济体也由于受到国际经济贸易环境的不利影响经济增长开始减速。全球范围内的经济低迷导致国际市场需求萎缩，国际贸易下滑。根据世贸组织秘书处 2012 年 10 月 31 日的报告①，2012 年上半年，由于经济动荡，欧债危机和新兴经济体经济增速放缓，全球的外国直接投资比 2011 年同期下降了 8%。该报告对 2012 年世界贸易增长幅度的预期也由 4 月份的 3.7% 下调为 2.5%。其中出口方面，预计发达国家的产品出口增长为 1.5%，发展中国家和新兴经济体的出口增幅

---

① REPORT ON G‒20 TRADE MEASURES (MID‒MAY 2012 TO MID‒OCTOBER 2012), 31 October 2012，WTO 网站。

为 3.5%；进口方面，发达国家的增长仅为 0.4%，发展中国家和新兴经济体增幅为 5.4%。

就货物贸易而言，欧盟是发达国家中的主要进口商，其进口量占据发达国家进口总量的 60%；同时欧盟也是全球最大的货物进口商，吸纳了全球出口总量的 35%。由于受欧债危机影响，欧盟经济持续低迷，需求下降，成为拖累发达国家乃至全球贸易增长的主要因素。根据欧洲统计局的数据[①]，2012 年 1~8 月，欧盟 27 国货物进出口额为 29557.9 亿美元，比上年同期（下同）减少 2.5%。其中，欧盟 27 国对中国出口 1239.9 亿美元，占欧盟 27 国出口总额的 8.7%，均与上年同期持平；欧盟 27 国自中国进口 2455.8 亿美元，减少 9.0%，截至 8 月，中国为欧盟 27 国第二大出口市场和第一大进口来源地。数据表明，欧洲市场进口需求呈走低态势。

在全球国际贸易增长甚微的情况下，中国的对外贸易仍保持了稳步增长，尽管增速有所回落，但还是实现了 7.3% 的出口增长，远高于全球贸易的平均增速。2012 年 1~11 月，中国进出口总值达到 35002.8 亿美元，同比增长 5.8%[②]。对于出口增速下降的原因，正如中国商务部新闻发言人指出的，主要受到三方面的负面影响：世界经济增速持续下降造成的外部需求严重不足；国内要素成本持续上升及人民币升值等因素造成的出口产品传统竞争优势弱化；国际贸易摩擦加剧造成的出口风险上升[③]。

全球经济的持续低迷无疑使得贸易保护主义继续发酵，全球

---

① 2012 年 8 月欧盟 27 国贸易简讯，商务部网站。

②③ 商务部新闻发布会，2012 年 12 月 18 日，商务部网站。

范围内各种贸易限制性措施层出不穷，尤其对于那些受到国内政治与经济双重压力国家的政府来说，为了缓解或摆脱自身的压力和困境，对中国产品和中国相关企业采取了更为激进的贸易限制措施，加强了贸易壁垒①。一方面，世贸组织框架下的贸易救济措施被中国产品出口的主要目的地国家广泛使用，甚至被不适当地滥用；另一方面，一些陷入经济困境的经济体为缓解因国内经济和就业压力引发的社会矛盾和危机，对已在其境内长期投资或经营的中国企业或商人采取了歧视性的打压排挤措施，使得中国企业面临的国际贸易和投资环境恶化。

世贸组织秘书处 2012 年 10 月 31 日发布了关于 G20 贸易和投资措施的报告②，对 G20 成员在 2012 年 5 ~ 9 月期间新采取的贸易与投资措施进行了归纳分析，这些措施包括贸易救济措施、边境措施、出口措施等贸易限制措施、进口限制措施、技术性贸易壁垒、服务贸易措施等。在贸易救济措施方面，G20 成员使用最多的是反倾销措施，2011 年 5 ~ 9 月期间，G20 成员共发起 54 起反倾销调查，而在 2012 年同期发起了 77 起，增幅为 43%。反倾销调查针对的产品变化较大，金属产品在这两个期间均名列前茅，占比分别为 41% 和 38%；占比增幅较大的产品为塑料产品（从 9% 增加到 26%）和化学产品（从 11% 增加到 17%）；占比减少的产品为纺织、木材及粮食产品。在这两个期间 G20 成员采取的反补贴和保障措施总体上变化不大。由于该报告覆盖的期间（2012 年 5 ~ 9 月）所限，未能充分体现出美欧等经济体针对

---

①② REPORT ON G – 20 TRADE MEASURES（MID – MAY 2012 TO MID – OCTOBER 2012），31 October 2012，WTO 网站。

中国出口产品采取贸易限制措施的上升趋势。根据中国商务部的统计，2012 年（至 12 月 17 日）中国遭遇的贸易救济调查多达53 起，涉案金额达到 242 亿美元，同比增长了 7 倍[①]。

美国自金融危机以来，率先针对中国同一产品同时采取"双反"（反倾销、反补贴）措施，以加征高额反倾销税和反补贴税的手段加大了遏制中国产品进入美国市场的力度。2012 年是美国总统大选之年，为缓解政府因经济复苏乏力、就业问题突出、对外巨额贸易逆差等带来的压力，以及拉选票的政治动因，美国明显加大了对来自中国的贸易与投资的打压力度，以显示其对华的强硬立场。例如，2012 年 3 月 19 日至 22 日，美国商务部在短短几天内就密集公布了针对 5 种中国产品的反倾销、反补贴措施，包括对荧光增白剂、钢制轮毂、镀锌钢丝的"双反"终裁、对晶体硅光伏电池的反补贴初裁以及对不锈钢拉制水槽的"双反"立案调查；此外，美国国际贸易委员会也在此期间公布了对华金属硅作出反倾销快速日落复审产业损害终裁[②]。根据中国商务部公布的美国目前正在实施的对华贸易救济措施涉案产品统计[③]，在 114 项反倾销、反补贴及特殊保障措施涉案产品中，反倾销措施 90 项，反补贴措施 23 项，特保措施 1 项，其中 22 种产品同时受到"双反"措施制裁，而且基本上发生在 2008 年金融危机之后。众所周知，美国经济在金融危机之后出现低迷，美国政府采取了一系列刺激经济、保护国内市场的政策措施，包

---

① 商务部新闻发布会，2012 年 12 月 18 日，商务部网站。
② 中国贸易救济信息网，商务部网站。
③ 《美国目前正在实施的对华贸易救济措施涉案产品一览表》（更新至 2012 年 4 月 20 日），商务部网站。

括提出"再工业化战略"、"出口倍增计划"、"优先购买国产品"等措施，并通过美国清洁能源提案等国内立法或自由贸易区协定等双边、多边平台在新能源、节能环保、信息网络等美国具有竞争优势的领域抢占国际战略性产业和科技发展的制高点，在保护国内市场的同时，要求其他国家对其开放市场。从 2012 年美国对中国输美产品采取的贸易救济措施来看，"双反"使用频率更为密集、制裁幅度更为严厉、涉案产品更为广泛，涉案产业从传统产业扩大到太阳能等战略性新兴产业。

2012 年 10 月 10 日，美国商务部对历时近一年的原产于中国的晶体硅光伏电池及组件（以下简称光伏产品）的"双反"调查作出终裁，裁定对中国涉案企业征收 18.32% ~ 249.96% 的反倾销税，14.78% ~ 15.97% 的反补贴税[1]。中国商务部新闻发言人就此发表谈话，指责美国商务部无视中国政府和中国企业的合理抗辩而采取不公正的征税措施，表示中方对裁决结果强烈不满[2]。跟随美国的"双反"措施，欧盟在 2012 年 9 月和 11 月对原产于中国的光伏产品（包括硅片、电池、组件）也发起了"双反"调查。继而，日本和澳大利亚申请加入欧盟对中国光伏产品的"双反"调查。遗憾的是，美欧等"双反"制裁尚未实际奏效，国内光伏产业已"中枪"，引发了多米诺骨牌倒塌式的连锁效应，光伏龙头企业纷纷倒下，上市公司市值蒸发，一些境外上市公司遭遇退市警告，光伏产业开始出现全行业亏损。光伏

---

① Federal Register/Vol. 77, No. 201/Wednesday, October 17, 2012/Notices, pp. 63788 – 63798.

② 商务部新闻办公室，商务部网站 2012 – 10 – 11。

行业从一个被各界大力支持的新兴产业急转直下被视为高风险行业，银行出于风险控制考虑不得不收紧对光伏产业的信贷政策，光伏企业的经营陷入恶性循环（以下称"光伏案例"）。某种程度上，美欧等经济体针对中国光伏出口产品采取"双反"措施一箭双雕的目的初步实现，既通过"双反"达到保护其本国光伏市场和本国光伏产业，又大大削弱中国光伏产业竞争力的双重目的。但是，从长期来看，最终结果未必能如美欧所愿，尤其对欧盟来说，其光伏原辅料及设备、技术等大量输往中国市场，或者说依赖于中国市场，这场光伏"双反"战役的结果很可能是"双输"，至少对欧盟的光伏原辅料及设备出口商来说，欧盟如果效仿美国对中国光伏产品采取"双反"征税制裁，后果将是损人不利己，甚至是"自残"。事实上，在光伏产业上，就目前双方产业的发展水平而言，虽然中欧之间在某些方面（如出口产品）存在着竞争，但在产业发展所需的上下游市场、关键技术和工艺等方面中欧之间存在更多的"互需"或"互补"之处。

面对美欧等国加大对中国产品采取"双反"措施的制裁，中国政府和涉案行业积极应对。在法律层面上，一方面涉案企业对"双反"各个案件积极应诉，尽可能争取对中国涉案企业有利的结果；同时，政府有关部门充分利用世贸组织争端解决机制，妥善应对贸易争端，用世贸组织的多边规则保护中方利益。中国加入世贸组织11年来，针对美欧等成员国对中国采取的贸易救济措施主动起诉了11起案件，多数案件胜诉[1]。另一方面，

---

① 商务部新闻发布会，2011年11月20日，商务部网站。

中国依法采取反制措施，使用贸易救济措施回击"双反"。以光伏产品遭遇美欧"双反"为例，涉案光伏企业积极应对，尤其是目前欧盟的对华光伏"双反"尚在调查初期，涉案企业据理力争，尽可能争取对己有利的调查结果。在光伏企业积极应诉的同时，中国政府以法律手段反击美欧的"双反"。2012 年 7 月 20 日，中国商务部宣布对原产于美国和韩国的进口太阳能级多晶硅启动"双反"调查；11 月 1 日，中国商务部宣布对欧盟太阳能级多晶硅发起"双反"调查，并将该调查与此前已发起的对源于美国和韩国的进口太阳能级多晶硅"双反"调查进行合并调查。11 月 5 日，中国启动世贸争端解决程序，提出就欧盟部分成员国采取的补贴措施在世贸组织争端解决机制下与欧盟及相关成员国进行磋商。

中美、中欧贸易摩擦加剧一方面反映出美国、欧盟等发达经济体当前面临的经济低迷困境，另一方面反映出中国经济贸易的快速增长对美欧国内经济及其国际市场均产生了一定的竞争压力，加大对中国出口产品的"双反"等贸易壁垒措施是其必然之举。在当前全球经济复苏乏力之际，无论是中美还是中欧之间，如将光伏"双反"贸易摩擦升级为贸易战，结果将是两败俱伤。从全球贸易来看，中美贸易及中欧贸易均占有举足轻重的影响地位，中国要实现十八大提出的"全面提高开放型经济水平"的目标，需要与包括美欧在内的主要经济体建立长远的战略合作经贸关系。面临经济复苏压力的美欧等发达经济体更需要借助发展与中国的经贸关系走出低谷。在 2012 年美国大选之后，美方表示继续与中国通过商贸联委会及其下设的各行业合作工作组推动务实合作,包括战略性新兴产业、高技术贸易等领域开展对话与合作①。欧盟也表示,未来几年内,中国将面临巨大的城镇化压力和可持续的低碳经济转型,欧盟企业希望积极为此贡献力量,中欧双边合作有很多机会有待开发②。

客观地说,贸易救济措施是世贸组织框架下一种常态化的机制,尽管金融危机以来贸易保护主义抬头,由于国际多边贸易体制的作用,在全球范围内并未出现实质性的贸易战,贸易救济措施涉及的贸易额在全球贸易总量中所占份额尚未达到重大的地步。据统计,G20 国家在 2012 年 5～9 月期间采取的包括贸易救济措施在内的各种进口限制措施涉及的贸易额仅占 G20 国家货物进口总额的 0.4%,占全球货物进口总额的 0.3%。累计计算,G20 国家自从 2008 年 10 月以来实施的贸易限制措施(剔除已终止的措施)涉及的贸易额约占 G20 国家货物贸易额的 4%,占全球货物贸易额的 3% 左右。自中国加入世贸组织以来,中国的出口产品屡遭各种形式的贸易壁垒封堵,尤其是来自美欧的"双反"措施制裁,涉及产品包括轮胎、钢铁、柠檬酸、铜版纸、镁碳砖等数十种产品,但事实上并未对中国国内相关产业造成致命打击。

然而,"光伏案例"的发生使人们对贸易救济措施的影响力重新有所思考,为什么这次美欧的光伏"双反"会对国内的光伏产业带来如此重创,甚至具有杀伤力?

---

① "陈德铭等向中外媒体介绍第二十三届中美商贸联委会的成果",2012 年 12 月 20 日,商务部新闻办公室,商务部网站。

② "欧盟贸易专员德古赫特:中欧无意打贸易战",2012 年 11 月 26 日,中国贸易救济信息网,商务部网站。

二、"光伏案例"对新兴产业发展的影响与启示

面临美欧等国的"双反"壁垒，国内光伏企业普遍面临着出口受阻、产能过剩、应收账款难以回笼、银行贷款收缩等诸多问题乃至生存危机。中国光伏产业面临的困境引起了国家及各级领导、各部门的高度重视，国务院在 2012 年 12 月 19 日的常务会议上专门研究确定了促进光伏产业健康发展的政策措施，充分体现出光伏产业作为战略性新兴产业在中国经济发展中所具有的重要地位以及发展光伏产业对中国经济结构调整的重要意义。当前中国光伏产业面临的"主要问题是：产能严重过剩，市场过度依赖外需，企业普遍经营困难"[1]。那么，究竟是什么原因导致出现这些问题？

"产能严重过剩"说明目前光伏产品供大于求、需求不足，即供需关系失衡。而"市场过度依赖外需"是产生供需失衡的主要因素。作为国家大力支持的战略性新兴产业，中国的光伏产业近年来发展很快，已经形成比较完整的光伏制造产业体系。但是，从产业结构和贸易模式上看，光伏产业存在着"先天不足"的弊端。某种程度上，光伏产业的发展模式与 80 年代末 90 年代初期"两头在外、大进大出"的贸易模式相似，光伏企业生产所需的原辅材料、关键设备和技术很大程度上主要依靠从欧盟等

---

[1] "国务院研究确定促进光伏产业健康发展的政策措施"，中国新闻网，2012 年 12 月 19 日。

国际市场"大进",生产出的光伏产品更是集中向欧美市场"大出"。值得注意的是,中国目前为欧盟 27 国第二大出口市场和第一大进口来源地。根据欧洲统计局公布的统计数据,欧盟 27 国 2012 年 1 月至 9 月对华出口额为 1082 亿欧元,较上年同期增长 9%;进口额为 217 亿欧元,较上年同期下降 1%[①]。具体到光伏产品,国内光伏企业生产的光伏产品 90% 以上销往欧美等国外市场,其中销往美国市场的约占总出口额的 10%,销往欧盟市场的约占中国光伏产品产量的 70%,贸易金额超过 200 亿美元[②]。这种"两头在外"的粗放型贸易模式既缺乏核心技术支撑又缺乏多元化市场保障,一旦遇到外部市场的动荡或者封堵,不论是进口还是出口,任何一个通道受阻都会卡住国内企业生存的咽喉。光伏产业"两头"严重依赖欧盟市场的特点将使得欧盟可能最终作出的"双反"制裁,对国内光伏产业带来更大的杀伤力。如果对全球的对外贸易结构进一步划分的话,值得关注的是,区域内贸易在全球国际贸易中占有相当大的比重。根据世贸组织 2012 年公布的国际贸易统计[③],2011 年欧洲、亚洲和北美地区的区域内贸易发展强劲,欧洲地区内各国之间的贸易额占到欧洲出口贸易总额的 71%;亚洲地区该占比为 51%,北美地区该占比为 48%。中国本身幅员辽阔,扩大内需市场包括扩大跨省份贸易,"光伏案例"给我们的重要启示之一就是外贸如果没有内贸的支撑是不能抵御国际市场风险的,发展国内跨省贸易在

---

① Eurostat News release,183/212 – 17 December 2012.

② "欧美对华光伏双反意在争经济新领域主导权",2012 年 10 月 12 日,新华网。

③ International Trade Statistics 2012,World Trade Organization.

某种程度上可以起到类似欧洲区域内跨国贸易的重要作用。

党的十八大报告中提出要"提高抵御国际经济风险能力"，"光伏案例"不仅对光伏企业如何提高抵御国际经济风险的能力带来启示，也对今后太阳能、再生能源、LED照明、稀土等战略性新兴产业如何实现可持续发展带来借鉴意义。国务院研究确定的促进光伏产业健康发展的政策措施从五个方面指明了光伏产业走出困境的途径，这五点政策措施也反映了战略性新兴产业可持续发展的着眼点①。第一，要"加快产业结构调整和技术进步"，从提高技术和装备水平入手，淘汰落后产能，在光伏产业使用的核心技术、工艺水平、核心装备等方面应逐步摆脱受制于人的被动局面。这意味着今后对有发展前景的新兴产业应加强宏观调控和引导，尽量避免出现一哄而上、遍地开花、不顾技术含量单纯追求扩大产能的现象。第二，"规范产业发展秩序"，加强与上下游相关产业的协调。就光伏产业扩大内需而言，需要打开制约内需的瓶颈，加强发电规划与配套电网规划的协调，建立简捷高效的并网服务体系，降低光伏发电的成本，加强市场监管，建立健全技术标准体系。这一原则对于发展新能源、再生能源、节能产品等新兴产业均有指导意义。第三，"积极开拓国内光伏应用市场"并"巩固和拓展国际市场"，发展战略性新兴产业，必须要注重同时发展国内和国际两个市场；在培育国内市场方面，应结合国内各类地区各类用户的实际消费需求与消费水平，推广新兴产品的广泛应用。在开拓国际市场中应注意多元化，避免过度

---

① "国务院研究确定促进光伏产业健康发展的政策措施"，中国新闻网，2012年12月19日。

依赖一两个单一市场，以分散风险；同时应加强多种形式的国际合作，除了传统的出口贸易之外，应探索以其他投资方式进入海外市场，绕开"双反"对中国出口产品的高额征税制裁。如果能有效实现市场多元化，企业即使遇到外部市场需求萎缩的不利变化或者产品出口遭遇"双反"措施等贸易壁垒的阻挡时就不至于无路可走。第四，"完善支持政策"，在这方面，可以借鉴一些发达国家扶植光伏产业的政策和成功经验，对光伏产业提供符合世贸组织规则的财税优惠政策，要使光伏产业走出困境，需要标本兼治，解决光伏产业上下游的问题。上游涉及如何减少对国际市场的依存度，而下游主要是如何降低发电成本，根据成本变化合理调减上网电价和补贴标准，打开光伏产品的内需市场。第五，"充分发挥市场机制作用"，减少政府干预和以邻为壑的地方保护主义，加强行业自律，使光伏产业的发展建立在由市场调节供需关系的基础上。

在计划经济向市场经济的转型过程中，如何做到主要通过市场机制而不是靠行政手段来维护正常的市场秩序、贸易秩序的确是一个难题。在20多年前外贸体制改革初期曾经遇到的一个难题是：外贸经营权"一放就乱，一统就死"，当前光伏产品供需失衡的局面某种程度上也反映出类似的问题。中国自加入世贸组织以来，取消了进口配额和进口许可证等非关税措施，彻底放开对外贸易经营权。具体到光伏产品出口，无论是出口目的地还是出口产品种类及出口量，企业依法享有自主决策权。事实证明，外贸经营权放开的确大大促进了中国对外贸易的发展，促进了光伏原辅料及产品的"大进大出"；但与此同时，产业的健康发展需要有效的宏观调控和政策引导，需要依靠市场机制，需要行业自律，否则，从产业总体发展上看，难免会因企业追求短期利润、忽略长期可持续发展而产生产业结构或贸易模式等方面的弊端或隐患。光伏产业出现产能过剩、市场过度依赖外需、企业普遍经营困难的问题既有外部市场萎缩、"双反"措施打压的"外因"，也有其自身先天不足缺乏抵御外部经济风险能力的"内因"。有鉴于此，在政府减少行政干预、加强宏观调控的同时，如何能有效"充分发挥市场机制作用"，"发挥行业组织的作用，加强行业自律，引导光伏产业健康发展"[①] 显得尤为重要，需要各有关部门尽快出台和完善相关的配套政策措施并确保落实。

在国内光伏产业全行业亏损、银行信贷收紧的情况下，如何解决光伏企业的融资问题亟待解决。金融危机爆发以来，国际社会对于加强金融审慎监管防范系统性金融风险的重要性已达成共识。根据《巴塞尔新资本协议》在中国银行业的实施要求，商业银行应建立完整而全面的风险管理体系，中国的金融监管部门和银行业金融机构高度关注经济形势的变化及对银行带来的风险，强化银行风险监管，降低不良贷款。尤其是近年来各银行业金融机构高度关注产业结构变化和部分行业产能过剩对信贷风险的影响。目前我国的主要大银行为国有控股的上市公司，其经营行为不仅需要符合银行业、证券业等监管部门的监管要求，还需要接受广大中小投资者的监督。如果为了救助一些债务缠身的光伏企业，以行政手段要求银行不顾国家股东及广大中小股东利益

---

① "国务院研究确定促进光伏产业健康发展的政策措施"，中国新闻网，2012 年 12 月 19 日。

给那些已资不抵债、无生存能力的光伏企业提供信贷支持，显然是不现实的，只不过是拆东墙补西墙的权宜之计。要解决光伏企业的融资问题，更多的是通过兼并、收购、重组、引入投资者等市场行为，恢复和增强企业自身的造血功能，在市场化的并购重组过程中，银行等金融机构（包括非银行金融机构）在风险可控的范围内予以融资支持。事实上，随着越来越多的中国企业"走出去"，尤其是海外并购日趋活跃，中国的金融业也面临新的发展机遇和挑战。"光伏案例"不仅对光伏产业的发展带来启示，也给银行等金融服务业带来挑战：金融服务业如何做到既能"给力"地支持实体经济的发展又能有效防范风险？如何建立支持战略性新兴产业可持续发展的投资、融资体系？光伏产业的发展需要吸纳各种形式的直接投资和间接投资。在引进投资方面，应对国资、民资和外资给予公平待遇，积极引进关键技术等无形资产的投资。在融资渠道上，光伏产业等战略性新兴产业不能依靠银行信贷一种方式，可以考虑通过设立产业发展基金、发行企业债券等多种方式、多渠道解决融资问题，支持新兴产业提高技术研发和创新能力，开拓多元化市场。

"光伏案例"引发了业界和学界对其发生的国内外因素及涉及的一系列深层次问题的广泛关注和讨论。尽管该案例还远未结束，其对国际贸易关系和国内产业发展两个层面造成的影响已给人们带来诸多启示。"光伏案例"折射出中国的光伏企业在国际经济风险面前"弱不禁风"，如何提高国内战略性新兴产业的抗风险能力？对此，"光伏案例"提供了可借鉴的启示：发展战略性新兴产业必须注重产业的可持续发展能力，努力夯实产业发展所必备的掌控核心技术、多元化市场、多渠道融资的基础，加强宏观调控和政策引导，强化贸易政策和产业政策协调。中国光伏产业今后的发展，需要放弃"两头在外"的老路，走上以"形成以技术、品牌、质量、服务为核心的出口竞争新优势"[1] 为方向的新路。某种意义上，美欧"双反"措施的不利影响给中国的光伏产业等战略性新兴产业的结构调整和发展方式的转变带来新的契机。正如中央经济工作会议所指出的，"我们面临的机遇，不再是简单纳入全球分工体系、扩大出口、加快投资的传统机遇，而是倒逼我们扩大内需、提高创新能力、促进经济发展方式转变的新机遇"[2]。

---

[1] 《中国共产党第十八次代表大会报告》，2012 年 11 月 8 日。
[2] "中央经济工作会议在北京召开"，2012 年 12 月 16 日，新华网。

全球治理的危机与挑战

◎ 于　凡

2008 年爆发的国际金融危机，引发了对全球治理有效性的思考。联合国体系中最重要的国际经济机构对金融危机没有任何预警，国际评级机构的事后行动往往加剧危机的发展。最发达的欧盟地区的公共治理在危机中的表现也差强人意。8 国集团、20 国集团都未能就全球治理体系的改革做出实质性决定，全球治理现行框架已不适应，必须进行改革。

2008 年爆发的国际金融危机如此之大，至今未看到走出危机的迹象。

危机爆发后，全球主要工业国与新兴国家都表示出了要加强全球治理的意愿。G20 首脑在危机后立即开会，表示要采取行动，制止恐慌，反对以邻为壑的贸易保护主义回潮，采取积极的宏观经济政策刺激经济回升。这些行动稳定了危机，使世界经济没有简单回归 20 世纪 30 年代的大萧条，但也留下了许多对全球治理有效性的思考。

一、国际货币基金组织事先没有预警，所谓的国际评级机构也没有预警，全球治理中的预警机构何在

从 20 世纪 80 年代起，美欧等发达国家就开始搞金融自由化，并把金融自由化列入了国际货币基金组织的日程。当一些发展中国家需要国际货币基金组织救助时，往往被要求开放资本账户，解除对资本市场的管制。但是，当各国都开放了资本市场，谁来监管这一巨大的市场呢？没有监督的市场成了一个巨大的赌场，金融的发展偏离了传统的轨道，它的盈利不再是从为实体经济提供发展资金而获得利益，而成为围绕自己空转的机器。

金融市场在发展，谁来评判金融机构的好坏呢？评级机构就成了市场上掌握金融公司生杀大权的唯一机构。评级公司被赋予了太大的权力，它们的评价决定着市场的走向，但它们却没给我们任何有益的指示。事发之前，它给未来倒闭的企业与主权债务很好的评级。欧洲债务危机爆发后，评级公司给一些国家主权债务降级却引来了市场更大的投机，加剧了危机。欧洲舆论怀疑评级机构在危机中起的作用。

很长时间以来，IMF 等国际经济机构都在积极推动金融自由化，开放资本账户曾是 IMF 提供援助的条件之一。但这种趋势是与创建 IMF 时的初衷相悖的。IMF 的章程规定，各国有自主决

定资本管制和制定汇率的主权。

随着危机的深化，IMF 的态度也在改变。最近，对亚洲国家保持资本管制，IMF 采取了支持的态度。难道 IMF 又回归传统，记起了布雷顿森林体系的创建者之一、英国经济学家凯恩斯的教诲了吗？他曾说过，金融之事本质上讲应该是民族国家的事。

二、银行危机与主权债务危机的关系

金融危机是由美国的次贷危机引起的，美国金融机构由于大量坏账拖累，出现了大面积的惜贷现象，经济陷入了衰退。这时候，一方面美国财政部拿出了几千亿美元救急；另一方面美联储出面，用定量宽松的做法，增发上万亿美元的新货币，把银行系统中的坏账置换到了手中。这一切救了美国的银行，但却使政府的债务负担节节攀升。同时，这种作法也引起了美国社会的极大反弹。

从 20 世纪 90 年代以来，美国家庭所获得的 80% 的金融资产收益，以及几乎全部的"私人收支赤字"，都发生在最富有的阶层内部，而且主要是金融业人士。因此，当危机爆发后，美国舆论指责金融界的声音很大。然而，靠政府的救济，金融界不但没受什么损失，有些机构还乘机发了财。于是，美国政府的合法性就受到了质疑。从 2011 年 9 月，"占领华尔街"的群众运动从纽约扩大到华盛顿，再扩大到其他城市，充分表现出美国民众对政府政策的不满。正是在这种背景下，传统的共和、民主两党政治开始走极端化路线，遇到民主党政府提案时，共和党占多数的议会就坚决反对。政府采取政策的效率下降，两党政治僵持不下，美国经济走出危机的前景因政治因素而显得遥遥无期。

欧元区的债务危机有很多原因，其中重要的原因之一是有些成员国的银行购买了美国的次贷产品及相关的衍生产品，美国危机影响到欧洲国家的银行资产质量，某些国家房地产泡沫的破裂加重了银行的呆坏账。国际金融危机严重损害了私人投资者的信心，欧洲国家银行的私人投资突然中断，引发了流动性危机，而因为没有更大的银行联盟，欧元区一些国家的政府只得用财政的钱给银行补充流动性，而使主权债务迅速发酵，最后演化成主权债务危机。在欧盟及国际货币组织救助一些欧元区成员国的过程中，也要求这些陷入危机的国家采取紧缩财政，拍卖国有资产，削减社会福利等措施。这些国家的民众也不满意这种救助主权债务危机的作法，因此美国的"占领华尔街运动"也曾波及欧洲国家。

欧盟及欧元区曾被认为是地区化最发达的典型，而地区化发展中的公共治理在危机中也再一次表现出差强人意。

三、企业资金充裕与国家财政捉襟见肘之间的矛盾

随着金融危机的深化，美欧等国政府调控主权债务的能力下降。然而，美欧等国家的大型跨国公司却仍然资金雄厚，虽然美

欧等国的国内收益不高，但它们的总利润仍然不菲。这是因为，随着经济的全球化，大型跨国公司的经营情况已经与它们的母国完全脱离了关系。

以美国为例，从 2008 年危机爆发以来，美国企业的利润增长得很快。2011 年第一季度，美国企业总体年化净利润为 1.45 万亿美元，成为历史上利润最高的一个季度。2010 年时，企业净利润已经从 2008 年的历史低点 1.05 万亿美元增加到 1.41 万亿，涨幅为 34.29%。

其实，美国企业的收益这么好，很大程度上要归功于美国企业在海外的投资，特别是在新兴市场的投资。以美国对华投资为例，2008 年，美国企业对华投资的平均收益率为 33%，远高于它们在其他市场的投资。欧洲一些企业的利润增长也来自于新兴市场，特别是来自在中国的市场。像大众奥迪公司的利润 1/3 来自中国市场，超过德国本土市场五成。

随着全球化的发展，美欧企业的海外赢利均超过了国内。以美国为例，2007 年，美国企业海外赢利 8840 亿美元，超过了国内赢利的 7140 亿美元。到 2008 年，美国企业海外赢利 9563 亿美元，国内赢利 5320 亿美元，海外赢利已是国内赢利的 1.8 倍。从 1999 年至 2008 年，美国企业海外赢利的年增长速度为 18%，2008 年美国企业海外赢利 9563 亿美元，相比 1999 年的 1819 亿美元增长了 5 倍多。

美欧等国大型跨国企业的投资与利润都发生在海外，由于产地的原因，税收也向海外政府倾斜。这就造成了本国资本市场与本国经济进一步脱钩。股市反映的是企业的经营业绩，业绩好的企业股票价格就上扬。如果上扬的企业股票占多，市场气氛就会造成股票整体上扬。

被债务缠得焦头烂额的奥巴马政府终于出台了征收海外美国人所得税的决定，想让美国的跨国公司也为美国政府的财政收入作些贡献。

四、全球治理的结构必须改革

全球经济治理形式是由发达国家定下的，布雷顿森林体系的"遗产"——国际货币基金组织和世界银行仍然是联合国体系中最重要的国际经济机构，它们在制定规则、提供发展贷款、提供紧急救援贷款方面仍是不可或缺的力量。但在这些机构中，美欧日等发达国家仍然控制着决策权。

从 20 世纪 70 年代的石油危机起，工业化国家就开始了 7 国集团首脑会议，协调工业化国家的宏观经济政策。从两极世界解体后，俄罗斯被吸收进 8 国集团。但 8 国集团已经不能代表全球最主要的经济体。危机后，20 国集团首脑开始磋商治理全球经济的问题。但 20 国集团的机制仍很松散，特别是 20 国集团首脑会议未能就未来全球治理体系的改革做出实质性的决定。

展望未来，世界经济已经呈现出两种发展态势。发达国家的财政赤字严重，公共债务包袱巨大，银行体系脆弱，结构性失业严重，经济增长疲软乏力。相反，新兴经济体与一些发展中国家财政赤字有限，公共债务得到控制，银行体系较为健康，周期性的失业有限，经济增长强劲。在这种背景下，全球治理的框架已经不适应。金砖国家在探讨建立发展银行的事宜，新兴国家与发展中国家的交叉投资与双向贸易发展迅速，南南合作已经不再是纸上谈兵的事。如果现存的全球治理框架不考虑世界经济这种变化，一定会被发展的趋势所淘汰。

PRECIS

Commitment to Constructing and Developing Community of Interests with Different Countries and Areas

◎ ZHOU Wenzhong

The idea of Constructing Community of Interests raised by China is considered as a positive response to the major development, transformation and adjustment of the world. The idea of expanding Converging Interests and Constructing Community on Interests underlies the basic principles of sharing interests and responsibilities, consensus and impartial justice. Though there are conflicts and contradictions in one way or the other in the world, the trend of peace, development cooperation and change has gained stronger momentum. Constructing Community of Interests is an important measure to comply with the new trend. China will continue with the path of peaceful development, and forward ahead unswervingly. Expanding common interests of all parties, establishing and developing community of interests in different countries, areas and levels represents another solid step toward the goal.

Directions of Obama's Internal and
External Policies after Re-elected

© QIAN Wenrong

After re-elected, Obama still faces the faltering domestic economic recovery, profound social disruptions, extreme polarization of the parties. In order to ensure the American global hegemony, he will have to focus on economic increase and solving the employment problem, further consolidating the sector of promoting the development of new energy, cutting budget deficits, tightening financial regulation domestically. Economic diplomacy will be elevated as pillars of foreign policy. Regarding to Obama's China policy, he will continue to push the eastward movement of American strategy, implement the so called "taking precautions, deterring while still contacting and cooperating with China" foreign policy. China is considered as both a potential partners and a competitor. Obama administration will try to bind China into US dominated global political and economic system, on the other hand they will seek coordination with China on major international and global issues, specially further strengthen economic and trade ties with China.

A Case Study of "Huang Yan Island" Model, Discuss How China Should Pursue its National Interests While Safeguarding Peace and Stability with Surrounding Countries

◎ YANG Yi

The external environment of China is complicated and quickly changing in 2012. The American strategy's adjustment brought huge pressure to China and our neighboring countries took the opportunity to castigate China as well. While China still achieved great successes in diplomacy and safeguarding national sovereignty by keeping a firm grasp on the strategic initiative and the three principles of "on just grounds", "to our advantage" and "with restraint".

The main variable which influences Chinese overall and circumjacent security environment is the American factor, and the complexities and pluralities of the changes are the crucial problems of China's external environment. How to respond to challenges of the so-called double standard and dilemma made it more difficult for China's maneuvering. China should be guided by new thinking of strategy and utilize the comprehensive strategic resources to push for a strategic initiative and co-ordinate the interaction with the major powers. China should more actively participate in the American-led multilateral security system and thus to establish a China dominated and advocated cooperative multilateral security framework.

2012 of DPRK
Kim Jong Eun's First Year in Office

◎ BIAN Xiaochun

Kim Jong-il, DPRK's former supreme leader, died on December 17th, 2012. DPRK has been the focus of the worldwide media attention throughout 2012. Kim Jong Eun basically completed the succession process and became the new Supreme Leader and maintained regime stability. All the other five countries of the six-party talks have been through major elections or leadership transition in 2012, which alleviated the external pressure for DPRK and real crisis did not occur. The internal changes of DPRK, especially the domestic changes of economic, political and military power have attracted more worldwide attention.

Political Turmoil in a Strife-Torn Japan
——Japanese Politics and China-Japan Relations in 2012

◎ WANG Xinsheng

Japanese Politics continue to be chaotic in 2012. Ineffective rule of Yoshihiko Noda government led to fracture of the DPJ and eventually lost power. The LDP's back in power reflects the voters' common aspiration for a party with long ruling experience which can stabilize the situation. China-Japan relations showed a sharp decline in

2012. The Diaoyu Island disturbance caused overall backsliding and both countries were at daggers drawn over the Island.

Both internal and external polices of Shinzo Abe's LDP government will go through large changes. Domestically they need to resolve economic problems by implementing bold financial and flexible fiscal policies. US-Japan alliance will be further strengthened. Abe puts forward that he would strive to improve China-Japan relations ASAP. But it is more cautious to say that China-Japan relations will remain precarious based on Abe's cabinet personnel.

The Cross-Strait Relations in 2012
One China Framework, Links the Past and the Future, Deepens Mutual Trust and Popularizes Consensus

◎ XUE Fukang, XU Qing

The cross-Strait relations maintain the development momentum in 2012. The KMT and the CCP reached the One-China framework, the 92 Consensus could be socialized step-by-step in the island, Hsieh Chang-Ting's visit to the mainland, considering his senior backgrounds and qualifications as a DPP member, created the political atmosphere for DPP to adjust its Chinese Policy. Institutionalization of trade cooperation makes steady new progress, industrial cooperation gets preliminary results, Pingtan Comprehensive Pilot Zone, as the new collaborative model, develops quickly. Highlights of cultural exchanges occur frequently. Grassroots communication increases continuously, which makes the public opinion an important driver to the goal of peace and development within the island.

Ma Ying-jeou will face Interior instability, DPP's mainland policy and be contained by US' "return to Asia" strategy, his policy objectives will be locked onto transactional agenda, but we cannot exclude the possibility that he would do more on cross-Strait during his administration as convenient. It is difficult for DPP to have substantial breakthrough on its "China Policy", but the attitude and atmosphere of DPP members and the supporters against the Mainland will be greatly shifted.

Analyzing "Change in Myanmar", Opinions on US-Myanmar and China-Myanmar Relations

◎ LI Zhiqiang

US-led anti-Myanmar Western camp has experienced four phases against the political and economic reforms of the new Myanmar government: complete denying, confuse and uncertainty, exploring, luring and induction. During that period from senior US officials to President Obama have visited Myanmar. Myanmar has become extraordinarily popular from once a pariah to the international community. Myanmar is very likely breaking out of the 20 years' Western sanctions. While the current reform does not hit the bottom line the former military junta. The reform and development remains difficult and may not be smooth. Americans consider Aung Sang Suu Kyi a vital ally which is a contradiction beyond fixing. The foundation to improve and deepen the US-Myanmar ties is fragile. New thinking, new method and new model should be explored and developed regarding China-Myanmar relations under the new situation.

Putin's Four Priorities in 2012

◎ SHENG Shiliang

Putin, after being re-elected as the president of Russia, focused on four priorities in 2012. First, adjusting policies with to the political ecology changes in Russia, introducing new measures, advancing political reform to maintain the steadiness of state power and safeguard social stability. Second, speeding up the economic development, changing the economic structure, emphasizing more on high-technology industry as aero-space, medical and pharmaceutical, improving the operating environments, attracting and developing talents and propose the important strategic decision to develop Russia's Far East. Third, strengthening national defense, specially modernizing naval and air forces, regaining the initiative in military technology. Four, adjusting diplomatic tactics, create a new Russia-centered Eurasian Union which is Eurasia based and Asia-Pacific oriented as his ultimate goal, maintain good relations with China to create an enabling environment for their development.

An objective Assessment of Germany's Status and Role in EU and China-EU Relations

◎ MEI Zhaorong

The European configuration has been profoundly changed after The Second World War. Germany is now the most powerful, influential and strongest country in Europe, in particular, plays a leading role on how to resolve the euro crisis. The major agreement reached by EU summit, stabilizing of the overall Europe debt crisis situation, institutionalization of crisis-finance program, all of these cannot be separated with efforts of Germany. Though Germany is vital to EURO, might not dominate Europe, even cannot stand out among the others. Bilateral China-Germany substantial cooperation has taken the leading position in Sino-EU relationship, close high-level contacts have been maintained, the scale and quality of economic cooperation are improving, cultural exchange is increasing actively. All of these have brought real and tangible benefits to the peoples in both countries and promote development of China-Europe relations.

European Economy Growth still Requires Time upon Stabilizing European Debt Crisis

◎ Ding Yifan

2012 is the crucial year for European debt crisis. The European Central Bank's interventions, the decision and progress of formulating European Banking Union by the EU summit, a series of actions taken by European countries have all proved vital to stabilize the European debt markets. Though European debt crisis trends to stabilize, fresh impetus is required to stimulate the growth of European economy. Those European countries struggling with sovereign debt crises are taking steps to attract foreign capital, partially open some regulated market, sell some state assets and cut red tape. All these measures have provided favorable conditions for Chinese enterprises to reinforce their investment in Europe.

The Impacts of European Debt Crisis on Central and Eastern Europe and the Balkans

◎ JIA Ruixia

The European debt crisis erupted in 2009 hit badly not only the euro-zone countries, but also those central and eastern European countries which joined EU since 2004 and the Balkan countries not yet in the EU. Under the combined pressure of recession and retrenchment, these countries are taking various measures to revive the economy. The elevated poverty rate in these countries during the crisis affected social stability badly.

The Middle East Situation in the Age of Post-Turbulence

◎ TIAN Wenlin

The upheavals in the Middle East have entered the Post Age of Turbulence. A number of deep-seated problems that hinder the development or Middle East countries appear gradually: the intensifying contradiction between secular and religious, the economy and livelihood issues going from bad to worse. The upheavals make the area entering an unprecedented non-polar disorder era. The Arab world's integral influence descends, neither Iran, Israel nor other regional powers can play a dominant role on the regional affairs. As for outside intrusion, the robust intervention of western countries finally evolve the upheavals into chaos. The situation in the Middle East is very complex and complicated, the prospect is confusing. Some hot issues of parts of the Middle East could get out of control anytime.

The Iranian Nuclear Issue, More Difficult to be Resolved

◎ DING Yuanhong

It has been ten years since U. S. and Iran were locked in a trial of strength over Iran's nuclear ambition. Neither Bush Administration nor Obama Administration could achieve any breakthroughs. While Iran's nuclear capability is advanced constantly. Israel, for its own security consideration, would rush to strangle Iran's nuclear program and advocate a preemptive military strike. While US, considering its global interests, has been adopting pressure policy. Iran continues its tit-for-tat strategy and expands its nuclear program unwaveringly. Will Israel stage military attack on its own? Can U. S. constrain such attack and avoid being drawn into the conflicts? It is still inconclusiveness.

2012: Slow Global Economic Recovery, Steadily Forward-Moving Chinese Economic Transition

◎ XIE Minggan

This article gives a full analysis of both the international and Chinese economic situation in 2012, including key performances, developing trends and existed problems. The euro crisis continues, America's economy is still limping along, Japanese economy keeps sluggish, economies of developing countries growth is moderating and the downturn risks for the world economy are exacerbated. While the macroeconomic level of China remains good and an 8% likely increase is expected this year. This article also analyze concretely the seven challenges facing Chinese economy and gives out relevant suggestions.

Analysis of Impact and Implication upon International Trade and Development of New Industries Caused by the Case of Solar PV Industry

◎ HUANG Danhan

The prolonged slump in global economy led to the continuous fermentation of trade protectionism, the risk of exportation caused by the international trade friction continues to rise in 2012. The most prominent case is that China's photovoltaic industry was hit badly. Besides American and Euro's anti-dumping and countervailing measures, this hit was more likely caused by the lack of capabilities of resist external risks of the industry itself. Important revelations can be drawn from the hit: Both domestic and international markets should be emphasized and diversified while developing strategic emerging industries; Develop and master the core technique, technological level and critical equipment to avoid the domination of the others; Consummate supporting policies and develop the PV industry by market regulation and demand. The export competitiveness centered by improving technology, brand, quality and service will be the future of development of Chinese PV industry.

Crises and Challenges to Global Governance

◎ Yu Fan

The outbreak of the 2008 international financial crisis has aroused much thinking about the effectiveness of global governance. Most of the world's most important economic institutions of the UN system couldn't gave any forewarning of the crisis, and the subsequent conduct of the international rating agencies exacerbated the crisis. EU, as the most developed area, performed poorly in public governance of the crisis. Neither the Group of Eight nor the G20 could make any concrete decisions on how to refurbish the system of global governance. The current framework of global governance is outdated and reforms must be made.